Sandra Gloor/Fabio Bontadina/Daniel Hegglin   **Stadtfüchse**

: **Haupt**

HOPPiTi
HOPPiTi
HiPPiTi
HOPPiTi
SPROiiiNG
UND WO GENAU?
USSERSIHL NEUMET. ICH BI SO VERSCHROCKE'
HOPPSASSA!
DA STRÄHLET'S DR D'LÖFFEL HINDERE!! DIE VIECHER SIND EFÄNG ÜBERALL!
WENN DAS MIT DENE FÜCHS NÖD BESSERET, DÄNN MACHI S'NÄCHSCHT JAHR NÜME MIT! OSTERE HIN ODER HER..
Mike VanAudenhove

Sandra Gloor / Fabio Bontadina / Daniel Hegglin

Stadtfüchse

Ein Wildtier erobert den Siedlungsraum

Haupt Verlag
Bern • Stuttgart • Wien

Zu Autorin und Autoren:

Sandra Gloor, Dr. sc. nat., arbeitet bei der Arbeitsgemeinschaft SWILD mit den Schwerpunkten Siedlungsökologie, Wildtierforschung, Konzeption, Tierschutz, Zootierhaltung, Kommunikation und ist zudem Geschäftsleiterin des Netzwerkes FachFrauen Umwelt.

Fabio Bontadina, Dr. phil. nat. teilt seine Arbeit zwischen der Arbeitsgemeinschaft SWILD mit Schwerpunkten Wildtierforschung, Siedlungsökologie, Artenschutz, Informatik, Biostatistik, Kommunikation und der Universität Bern, wo er in der Abteilung Conservation Biology tätig ist.

Daniel Hegglin, Dr. sc. nat., arbeitet bei der Arbeitsgemeinschaft SWILD mit den Schwerpunkten Wildtierforschung, Monitoring, Parasitologie, Zoonosen, Siedlungsökologie, Tierhaltung und Kommunikation und ist am Parasitologischen Institut an der Universität Zürich am Institut für Parasitologie in parasitologischen Forschungsprojekten tätig.

Autorin, Autoren und Verlag danken dem Zürcher Tierschutz für die großzügige Unterstützung, durch welche die Publikation ermöglicht wurde.

Die Herausgabe dieses Buches wurde durch Beiträge folgender Institutionen unterstützt:
- Aargauischer Tierschutzverein
- Cassinelli-Vogel-Stiftung
- Naturforschende Gesellschaft in Bern
- Tierschutzbund Zürich
- Zürcher Tierschutz

Gestaltung und Satz: pooldesign.ch
Lektorat: Fabiana Baettig, Bern
Bildredaktion: Sandra Gloor, Kathi Märki und Daniel Hegglin

Bibliografische Information der *Deutschen Bibliothek*

Die Deutsche Bibliothek verzeichnet diese Publikation in der Deutschen Nationalbibliografie; detaillierte bibliografische Daten sind im Internet über http://dnb.ddb.de abrufbar.

ISBN-13: 978-3-258-07030-8
ISBN-10: 3-258-07030-X

Alle Rechte vorbehalten
Copyright © 2006 by Haupt Berne
Jede Art der Vervielfältigung ohne Genehmigung des Verlages ist unzulässig.

Printed in Germany
www.haupt.ch

Inhalt

1. **Wildtiere im Siedlungsraum: eine Rückeroberung?** — 7
   - Themenkasten 1: Typische Städter — 16
2. **Bestandesentwicklung bei den Füchsen** — 21
   - Themenkasten 2: Tollwut — 32
3. **Füchse entdecken die Stadt als Lebensraum** — 35
   - Themenkasten 3: Das Integrierte Fuchsprojekt — 42
4. **Wo leben Stadtfüchse?** — 45
   - Themenkasten 4: Radiotelemetrie von Füchsen — 54
   - Themenkasten 5: Mit Fähe Zir und Rüde Muk durch die Nacht — 58
   - Themenkasten 6: Stadt der Menschen – Stadt der Füchse — 60
5. **Wo Stadtfüchse den Tag verbringen** — 63
   - Themenkasten 7: Wie kann ich Stadtfüchse beobachten? — 74
   - Themenkasten 8: Alltagsgeschichten aus dem Fuchsprojekt — 76
6. **Vom Einzelgänger zum Familientier** — 79
   - Themenkasten 9: Fuchskommunikation — 86
   - Themenkasten 10: Ein Fuchsjahr — 88
7. **Die Stadt – ein Schlaraffenland für Füchse?** — 93
   - Themenkasten 11: Probleme mit hungrigen Füchsen? — 102
   - Themenkasten 12: Unerwarteter Besuch vom Land — 104
8. **Unterscheiden sich Stadt- und Landfüchse?** — 109
   - Themenkasten 13: Füchse und ihre Verwandtschaft — 118
9. **Der Kleine Fuchsbandwurm** — 121
   - Themenkasten 14: Lebenszyklus des Kleinen Fuchsbandwurms und mögliche Vorsichtsmaßnahmen — 128
   - Themenkasten 15: Der Kleine Fuchsbandwurm im Siedlungsraum — 130
10. **Von Menschen und Füchsen** — 131
    - Themenkasten 16: Füchse nicht füttern! — 142
    - Themenkasten 17: Füchse in Mythen, Fabeln und Geschichten — 144
    - Themenkasten 18: Artgerechte Haltung von Füchsen in Zoos und Wildparks — 146
11. **Jagd auf Füchse** — 151
    - Themenkasten 19: Management von Stadtfüchsen: das Zürcher Beispiel — 160
12. **Immer mehr Stadtfüchse?** — 163
    - Themenkasten 20: Räude — 172

Anhang — 175
- Quellen — 177
- Literatur und Weiterführendes — 180
- Bildnachweis — 184
- Dank — 185
- Index — 187

1

Wildtiere im Siedlungsraum: eine Rückeroberung?

«Eines Tages, als ich an meinem Schreibtisch saß und zum Fenster hinausschaute, sah ich, dass sich auf der Fernsehantenne des gegenüberliegenden Hauses ein Adler niedergelassen hatte. Ich muss dazu sagen, dass ich in Zürich wohne. (...) An einer Ampel am Bellevue, das ist einer der verkehrsreichsten Plätze Zürichs, wurde eines Morgen ein Hirschgeweih gefunden.»

«Die Rückeroberung, Erzählungen»
von Franz Hohler, 1982.

Fuchs frisst Zirkusstar
In der Nacht auf Donnerstag ist ein Fuchs ins Tiergehege des Zirkus Medrano beim Bellevue in Zürich eingedrungen und hat ein wertvolles dressiertes Huhn gestohlen. Ein Hahn und ein Strauß im gleichen Gehege hätten zwar heftige Gegenwehr geleistet, der Fuchs habe sich aber mit dem Huhn Richtung See davonmachen können, sagt die Zirkusdirektion – die sich im übrigen wundert, dass ihre Tiere mitten in der Stadt vor Füchsen nicht sicher sind. Jetzt ist man aber gewarnt: «Der Fuchs kommt wieder, aber wir sind auf der Hut.»

Tages-Anzeiger, 11.9.1998

Was der Schriftsteller Franz Hohler 1982 in seinen Erzählungen schilderte, schien damals weitgehend Fiktion. Heute kommen uns diese Geschichten wie eine Vision vor, die 1998 mit dem Auftritt der Füchse am Bellevue, im Herzen der Stadt Zürich, zumindest teilweise Wirklichkeit wurde: Ein Fuchs begibt sich zwischen den Häusern im Stadtzentrum auf Beutefang. Ist der Fuchs beim Bellevue ein Einzelfall, oder erobern die Wildtiere tatsächlich den urbanen Raum zurück?

1 Städtische Wohnquartiere bilden ein Mosaik von verschiedenen Lebensraumtypen. Gerade diese Vielfalt bietet einer großen Zahl von Tierarten ein gutes Auskommen: Rückzugs- und Schlafplätze in nächster Nähe zu Orten der Futtersuche.

Die globalisierte Welt ist urban

Heute lebt weltweit mehr als die Hälfte der Menschheit in urbanen Räumen, in Städten und Ballungsgebieten. In Westeuropa ist diese Entwicklung sogar noch weiter fortgeschritten: über 70 Prozent der Bevölkerung wohnen in Siedlungsgebieten. Der bebaute Raum nimmt weiter zu, Wohnquartiere und Industrieareale wachsen in die noch unverbaute Landschaft hinein. Gleichzeitig empfinden sehr viele Leute Stadt und Natur als Gegensatz. Der Begriff Stadt wird gleichgesetzt mit «unnatürlich» und «alleine für den Menschen gemacht». Natur findet demnach draußen, im Grünen statt. Leben wir also je länger desto mehr in einer unnatürlichen Welt?

2 Artenreichtum mitten im tosenden Verkehr: eine Kiesfläche, die eine Vielzahl von Pflanzen- und Insektenarten beheimatet.
3 In der rumänischen Stadt Brasov suchen Bären, hier eine ganze Bärengruppe mit Jungtieren, in der Nacht Abfallcontainer zur Futtersuche auf.

2

Natur macht nicht Halt vor Stadtgrenzen

Wer näher hinschaut, wird feststellen, dass Natur nicht Halt macht vor Stadtgrenzen. Entlang von Bahnlinien und Flussläufen dringt sie gut sichtbar in die städtische Umgebung vor, findet aber überall statt, in Parkanlagen, Friedhofarealen, auf begrünten Flachdächern und in Gärten, von Menschen bepflanzt oder spontan gewachsen. Sperlinge und Tauben, Ratten und Steinmarder gehören schon lange zum Stadtbild. Aber in den Städten werden auch ganz andere Tierarten beobachtet, und das ist selbst für viele

Wildtiere im Siedlungsraum: eine Rückeroberung? 11

Städterinnen und Städter überraschend: Füchse und Igel in Zürich, Waschbären in Kassel, Wildschweine in Berlin, Saatkrähen in Wien, Wölfe in Rom, Bären im rumänischen Brasov. Im Gegenzug dazu ist die grüne Landschaft, oft geprägt von intensiver Landwirtschaft, meist alles andere als naturnah. Große Ackerflächen mit Monokulturen prägen das Bild, kaum mehr Hecken oder Einzelbäume, dafür kanalisierte oder eingedolte Bachläufe, Kunstwiesen und intensiv gedüngte Fettwiesen, auf denen nur noch wenige Pflanzenarten wachsen.

4 Igel sind typische Siedlungsbewohner, die von den kleinräumigen Lebensraumstrukturen in ruhigen Wohnquartieren profitieren.

5 Waschbären, ursprünglich in Nordamerika beheimatet, sind in Europa vor rund 40 Jahren aus Gehegen entwichen und bilden in Deutschland und angrenzenden Ländern zum Teil beachtliche Populationen. Hier ein Waschbär in der Stadt Kassel.

6 Eine nicht ganz ungefährliche Situation: Frischlinge auf einem Spielplatz in Berlin, die Bache (weibliches Wildschwein) hält sich in der Nähe auf.

Dass Stadt nicht gleich Betonwüste und Land nicht gleich Natur bedeuten muss, zeigt folgende Zahl: Auf der Fläche der Stadt Zürich (92 Quadratkilometer) wurden 2005 nicht weniger als 90 Brutvogelarten nachgewiesen, darunter seltene Arten wie der Wanderfalke, die Nachtigall oder der Pirol. Das sind fast die Hälfte (45 Prozent) der insgesamt in der Schweiz vorkommenden Brutvogelarten.

6

Weshalb leben Tiere in der Stadt?

Weshalb aber leben so viele Tierarten in der Stadt? Die Gründe sind vielfältig, und wer sich mit Wildtieren im Siedlungsraum beschäftigt, stellt bald fest, dass der städtische Raum einen eigenen Lebensraum mit speziellen Bedingungen bildet. Ein bestimmendes Merkmal ist die intensive Nutzung durch den Menschen. In der Nacht jedoch gibt es viele Bereiche in der Stadt, die vollkommen ohne menschliche Störung sind: Friedhofareale etwa, Badeanstalten oder geschlossene Parkanlagen. Auch

7 Intensiv genutzte Landwirtschaftsgebiete sind oft so leer geräumt, dass sie nur noch für wenige Tierarten Lebensraum bieten.
8 Am 92 Meter hohen Kamin eines Kehrichtheizkraftwerks in der Stadt Zürich ist ein Nistkasten für Wanderfalken eingerichtet worden. Seit sechs Jahren brüten dort alljährlich Turm- oder Wanderfalken.
9 Turmfalken mit Jungen.

in Schrebergartenarealen und in den meisten Gärten ist es spätestens ab Mitternacht ruhig. Während dieser Zeit, dann also, wenn die meisten Menschen schlafen, gehört die Stadt den Tieren.

Die Stadt ist meist sehr kleinräumig strukturiert, d. h., viele Lebensraumelemente liegen nahe beieinander und machen so die Stadt vielfältig: die Umgebung von Wohnsiedlungen mit Wiesenbereichen und Rabatten, größere und kleinere Gärten, Schrebergartenareale, Innenhöfe mit Grünbereichen, Bäumen und Büschen, Friedhofareale und Parkanlagen mit verschiedenen, auch wenig intensiv genutzten Bereichen, Kiesflächen von Industrie- und Gewerbearealen, ungenutzte Grundstücke mit verwilderter Umgebung. Dieser abwechslungsreiche Lebensraum bietet einigen Wildtier- und Vogelarten das, was in der intensiv genutzten Agrarlandschaft oft fehlt: ein reiches Nahrungsangebot und gleichzeitig geschützte Rückzugsorte und sichere Schlafplätze in nächster Nachbarschaft. Natürlich unter dem Vorbehalt, dass der Mensch nicht jede Ecke akribisch putzt oder gar mit Herbiziden und anderen Giften behandelt, sondern etwas Mut zur Wildnis in der Stadt zeigt.

7

8

9

Der Stadtfuchs: ein Wildtier erobert den Siedlungsraum

Weshalb aber hat der Fuchs die Stadt als Lebensraum entdeckt? Füchse sind bekannt als schlaue, aber äußerst scheue Wildtiere, die man in ländlichen Gebieten kaum je zu Gesicht bekommt. Die Jahrhunderte lange intensive Bejagung der Füchse hat dazu geführt, dass sie den Menschen wenn immer möglich meiden. Welche Entwicklung führte nun dazu, dass diese scheuen Wildtiere in nächster Nachbarschaft des Menschen leben? Wo in der Stadt leben Füchse, und wie kommen sie im vom Menschen stark geprägten urbanen Lebensraum zurecht? Diese Fragen standen im Zentrum eines Forschungsprojekts, das in der Stadt Zürich den Stadtfüchsen und ihren ökologischen Ansprüchen nachspürte. In den folgenden Kapiteln wird von den Resultaten dieser Stadtfuchsstudien berichtet.

Quellen: 29, 34, 39

Themenkasten 1

Typische Städter

10 Der einst scheue Fuchs lebt heute mitten unter uns Menschen im Siedlungsraum. Allerdings weichen auch die Stadtfüchse der direkten Nähe des Menschen aus.

11 Igel suchen oft auf offenen Flächen nach kleinen Beutetieren wie Schnecken oder Käfer. Wichtig ist dabei, dass ein sicherer Zufluchtsort, zum Beispiel ein dichtes Gebüsch, in der Nähe ist.

12 Steinmarder besiedeln Städte und Dörfer schon seit dem Mittelalter. Sie nutzen Hohlräume in Dachstöcken und Mauern als Schlafplätze.

Fuchs

Der Fuchs ist das am weitesten verbreitete Raubtier überhaupt. Er kommt überall auf der nördlichen Erdhalbkugel vor, außer in extrem kalten oder trocken-heißen Gebieten. In Australien wurde er von jagdbegeisterten Engländern eingeführt. Der Fuchs ist enorm anpassungsfähig und kann in den unterschiedlichsten Lebensräumen wohnen: in waldigen Gegenden oder offenen Steppen, in Küstenregionen und auf kargen Inseln ebenso wie in wüstenähnlichen Gebieten. Seit einigen Jahren kommt mit den Siedlungsgebieten des Menschen ein weiterer Lebensraum dazu.

Igel

Ein ruhiges Wohnquartier entspricht den Bedürfnissen von Igeln besser als das, was die Mehrheit der Agrargebiete heute noch zu bieten hat. Gegenwärtig leben deshalb auf gleicher Fläche weit mehr Igel im Siedlungsraum als auf dem Land. Dabei kommt den Igeln zugute, dass sie sehr anpassungsfähig und mit dem breiten Nahrungsspektrum zufrieden sind und dass sie ein gutes Gedächtnis haben, um sich im Labyrinth einer Stadt aus Mauern und Straßen zurechtzufinden.

Steinmarder

In der Stadt gibt es reichlich Nahrung für Steinmarder, die neben Fallobst hauptsächlich Mäuse fressen, sich aber auch an Abfall gütlich tun. Marder können gut klettern und verbringen den Tag oft in Hohlräumen von Gebäuden: zum Beispiel in Dachstöcken und in Zwischenräumen von Hausdächern. Berühmt berüchtigt wurden Steinmarder, weil sie immer wieder in die Motorhauben von Autos klettern und dort die Gummiteile von Bremskabeln zernagen, was zu erheblichen Schäden führen kann und ihnen den Übernamen «Automarder» eingetragen hat.

Wildtiere im Siedlungsraum: eine Rückeroberung?   **17**

10

11

12

13 Mauersegler verbringen nur gerade rund drei Monate – von Anfang Mai bis Ende Juli – bei uns. Bereits während des Sommers ziehen sie zurück in ihre Wintergebiete im fernen Afrika südlich der Sahara.

14 Die Weißrandfledermaus, mit fünf bis zehn Gramm Körpergewicht ein Winzling unter den einheimischen Fledermausarten, kommt ursprünglich aus dem Mittelmeerraum und profitiert vom warmen Stadtklima.

15 Graureiher sind seit einigen Jahren zu Kulturfolgern geworden und können an Gartenteichen häufig beobachtet werden, wo es für sie im seichten Wasser ein Leichtes ist, Beute zu fangen.

Mauer- und Alpensegler

Mauersegler und Alpensegler werden häufig mit Schwalben verwechselt, mit denen sie aber nicht näher verwandt sind. Mit Schwalben gemeinsam haben sie lediglich ihre aerodynamische Körperform mit schmalen, langen Flügeln, was sie zu wahren Flugkünstlern macht. Die Segler sind ursprünglich Felsenbewohner. Die Städte bieten ihnen mit ihren Straßenschluchten zwischen den Gebäuden ganz ähnliche Strukturen für ihre Nester, die sie unter Dächern und in Fassadenspalten bauen. Ein Nest wird viele Jahre hintereinander vom gleichen Paar benützt … außer letzteres steht wegen einer unachtsam durchgeführten Gebäuderenovation vor verschlossener Wohnungstür.

Weißrandfledermäuse

Weißrandfledermäuse sind eigentlich im Mittelmeerraum zu Hause. Seit den 1990er Jahren häufen sich jedoch Funde von Weißrandfledermäuse nördlich der Alpen – und dies hauptsächlich in Städten. Dort profitiert die wärmeliebende Fledermausart vom warmen Stadt-Klima: Zwischen der Stadt und dem Umland beträgt der Temperaturunterschied meist mehrere Grade! Weißrandfledermäuse verschlafen die kalte Zeit im Winter, wenn keine Insekten fliegen, in frostfreien Gebäudespalten.

Graureiher

Als Fischräuber wurde der Graureiher oder «Fischreiher», wie er im Volksmund auch genannt wird, bis in die 1920er Jahre hartnäckig verfolgt und stark dezimiert. 1926 wurde er auf die Liste der bedrohten Arten gesetzt. Heute ist er mit etwa 1400 Brutpaaren im schweizerischen Mittelland und Jura wieder allgemein verbreitet. Er hat sich zum Kulturfolger entwickelt und ist als Mäusejäger auf frisch geschnittenen Wiesen zu einem vertrauten Bild geworden. Seit einigen Jahren ist der Graureiher auch mitten im Siedlungsraum zu beobachten, z. B., wenn er in Gartenweihern Zierfischen, Fröschen und Mölchen nachstellt. Zum Ruhen und für den Nestbau zieht sich der imposante Vogel hoch in die Wipfel von Bäumen entlang von Gewäßern zurück.

14

13

Bestandesentwicklung bei den Füchsen

Anzahl toter Füchse   **Tollwutfälle**

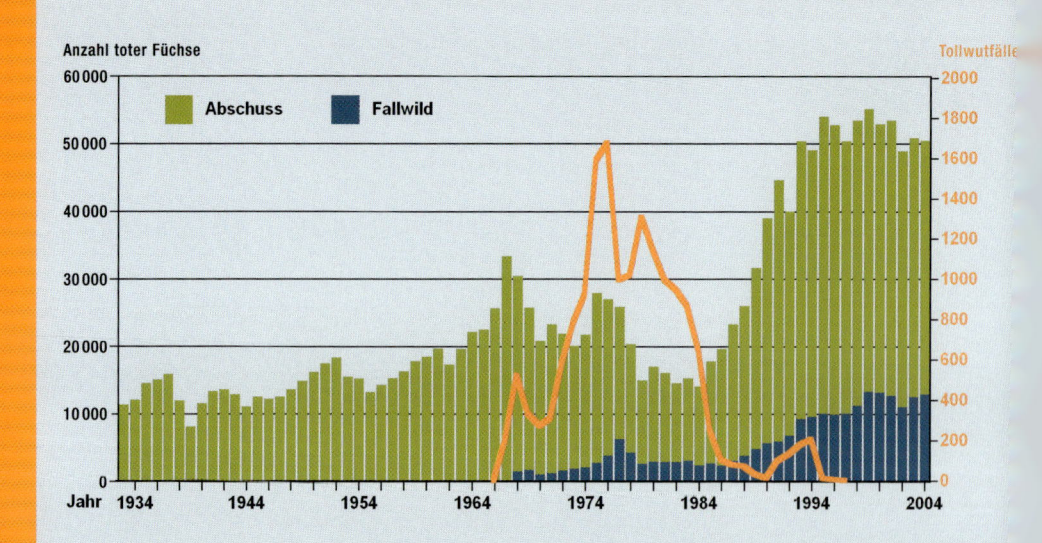

Legend: Abschuss, Fallwild

Wie zählt man Wildtiere?

Um Wildtierpopulationen als Ganzes beobachten und ihre Entwicklung überwachen zu können, benötigen wir Wildtierzählungen über längere Zeitperioden, meist über Jahre. Doch bei Wildtierarten wie dem Fuchs, welche mehrheitlich nachtaktiv sind und im Versteckten leben, sind direkte Zählungen nur schwer möglich. Hier muss die Entwicklung der Population aufgrund von indirekten Methoden geschätzt werden.

Beim Fuchs wird die Populationsentwicklung anhand der Jagdstatistik beobachtet. In der Schweiz werden in jedem Kanton die jährlich geschossenen Füchse erhoben. Seit 1968 werden zusätzlich auch die anderweitig tot aufgefundenen Füchse registriert, das so genannte Fallwild, welches vor allem bei Verkehrsunfällen umkommt. Diese Zahlen bieten zwar nur eine Annäherung an die Wirklichkeit. Trotzdem: Über Jahre hinweg beobachtet, erlauben sie, aufschlussreiche Tendenzen festzustellen.

Die Jagdstatistik der Schweiz zeigt, dass in den 1960er Jahren die jährliche Anzahl der geschossenen Füchse zunahm, aber ab 1967 abrupt abnahm, ein Trend, der in den Abschuss- und Fallwildzahlen bis Mitte der 1980er Jahren anhält. Was war geschehen?

Statistik von Abschüssen und Fallwild bei Füchsen in der Schweiz von 1960 bis 1997 und die Entwicklung der Tollwutfälle
Abschuss- und Fallwildzahlen geben indirekt Aufschluss über die Entwicklung der Fuchspopulationen. Fallwild (tot aufgefundene Tiere, meist Verkehrsopfer) wird in der Schweiz seit 1968 erfasst. Die Tollwut erreichte die Schweiz 1967. Dies war der Grund, weshalb Füchse in den folgenden Jahren intensiv bejagt wurden. Die zurückgehenden Abschusszahlen sind auf die Dezimierung der Fuchspopulation durch die Tollwut (orange Linie) zurückzuführen, die ihren Höhepunkt 1978 erreichte. In diesem Jahr setzten die Tollwutimpfkampagnen ein. Ab 1984 begannen sich die Fuchsbestände wieder zu erholen. Trotz des heute vergleichsweise geringen Jagddrucks werden mehr Füchse geschossen als vor Ausbruch der Tollwut, und auch die Zahlen für das Fallwild sind entsprechend hoch, beides Hinweise darauf, dass heute die Fuchsbestände deutlich höher sind als vor Ausbruch der Tollwut.

Zusammenbruch der Fuchsbestände wegen der Tollwut

Was in der Jagdstatistik als Zusammenbruch der Fuchspopulationen erscheint, hat mit dem Ausbruch einer der weltweit gefürchtetsten Tierseuchen zu tun: mit der Tollwut, welche die Schweiz 1967 erreichte.

Die letzte große Tollwutwelle in Europa nahm 1939 an der Ostgrenze Polens ihren Anfang und breitete sich anschließend halbkreisförmig mit einer Geschwindigkeit von 20 bis 65 km pro Jahr in westlicher Richtung aus, bis weite Teile von Mittel- und Westeuropa betroffen waren. Im März 1967 war es auch in der Schweiz so weit: Der erste Tollwutfall wurde im Kanton Schaffhausen diagnostiziert. Ende 1967 waren bereits über

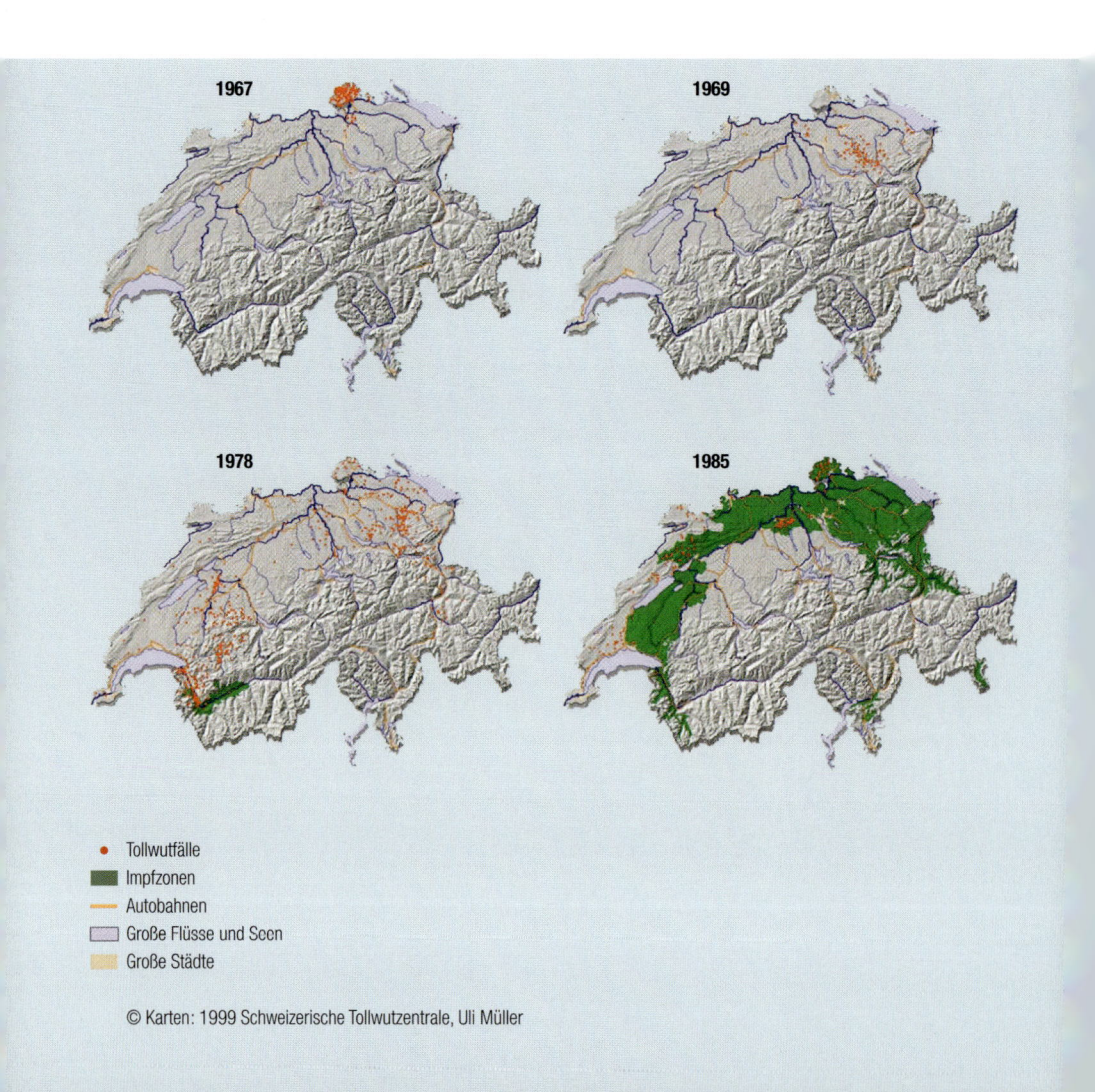

- Tollwutfälle
- Impfzonen
- Autobahnen
- Große Flüsse und Seen
- Große Städte

© Karten: 1999 Schweizerische Tollwutzentrale, Uli Müller

200 Tollwutfälle registriert worden. 183 davon waren Füchse, was zeigt, dass Füchse bei der Verbreitung der Tollwut die entscheidende Rolle spielen.

Rasch breitete sich in den folgenden Jahren die Tierseuche in der Schweiz aus und führte bei den Fuchspopulationen zu einem starken Einbruch, denn 90 bis 95 Prozent der Füchse sterben in einer Tollwutepidemie. Hinzu kamen massive Abschüsse von Füchsen und weitere Reduktionsmaßnahmen wie etwa das Vergasen von Fuchsbauen, Fallenfang und Abschuss am Fuchsbau. Trotzdem gelang es damit nicht, die Tollwutausbreitung langfristig zu beeinflussen.

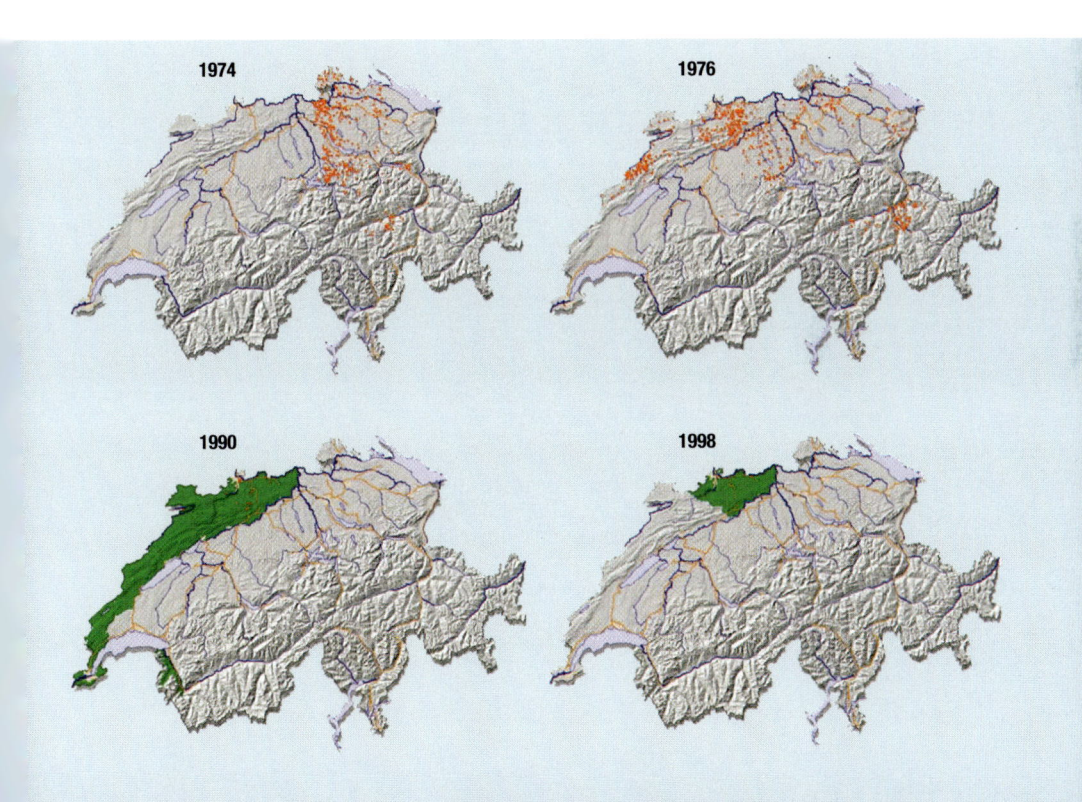

Tollwutentwicklung in der Schweiz zwischen 1967 und 1998
Der erste Tollwutfall wurde in der Schweiz 1967 festgestellt. Mit den Impfkampagnen mittels Impfködern für Füchse wurde 1978 im Wallis gestartet. In der Folge wurden die Impfzonen (grüne Flächen) ausgeweitet. Der letzte Tollwutfall eines wild lebenden Tieres wurde 1997 diagnostiziert, mit den Impfkampagnen wurde jedoch noch zwei Jahre weitergefahren. Seit 1999 gilt die Schweiz offiziell nach WHO-Richtlinien als tollwutfrei.

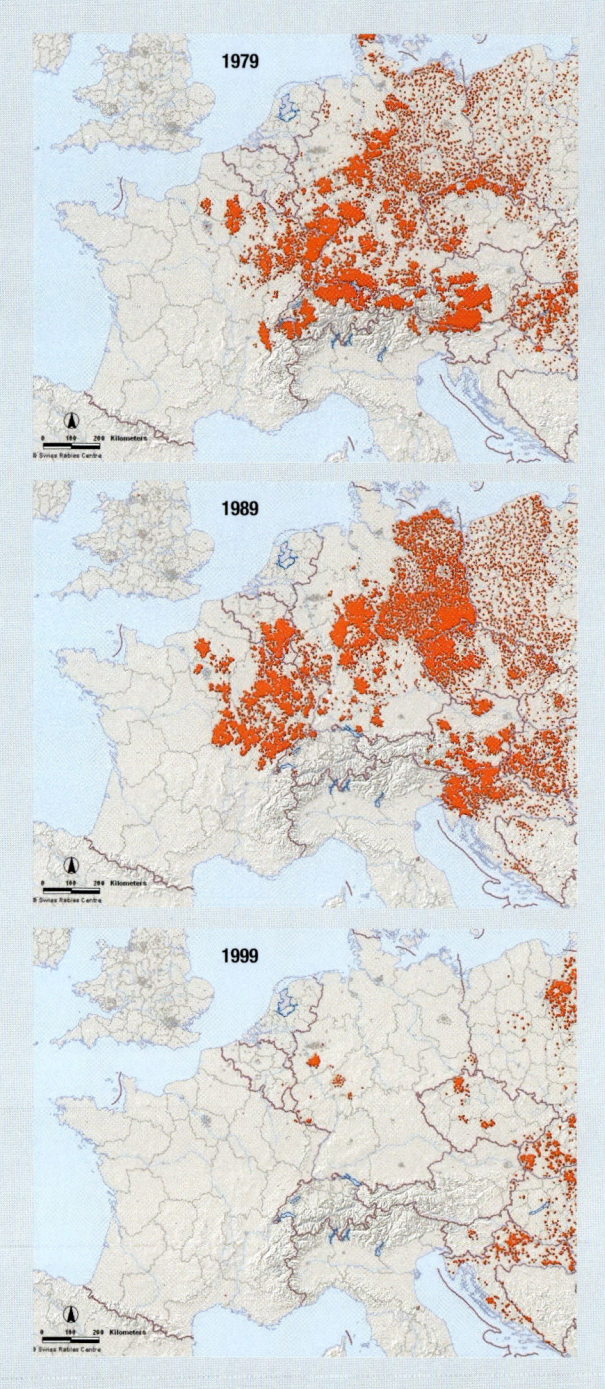

Tollwutsituation in Europa in den Jahren 1979, 1989 und 1999

1979 grassierte die Tollwut großflächig in Mittel- und Osteuropa, inklusive der Schweiz. 1989 waren in der Schweiz dank der erfolgreichen Tollwutbekämpfung bereits viele Gegenden tollwutfrei, während in den Nachbarländern die Tierseuche noch in großen Gebieten vorkam. Im Jahr 1999 wurden in weiten Teilen Europas keine oder nur noch wenige Tollwutfälle registriert. Trotzdem ist die Tollwut bis heute nicht ganz aus Europa verschwunden (Stand 2006).

Mit Impfködern erfolgreich gegen die Tollwut

Verschiedene Forschungsgruppen suchten daher nach neuen Methoden, um die Krankheit zu bekämpfen. In den 1960er Jahren hatten Laborversuche, die in Nordamerika durchgeführt worden waren, gezeigt, dass Füchse mit Schluckimpfungen gegen Tollwut immunisiert werden konnten. Doch bis zum Einsatz im Freiland war noch ein weiter Weg, denn zur Anwendung sollten «attenuierte» Impfstoffe kommen. Solche Lebendimpfstoffe enthalten abgeschwächte (attenuierte) Viren oder Bakterien, die sich noch vermehren können und eine Immunantwort auslösen, in der Regel jedoch keine Erkrankung. Da in seltenen Fällen nach der Anwendung eines solchen Impfstoffes dann doch die Erkrankung ausgelöst werden kann, war das Ausbringen im Freiland mit einem gewissen Risiko verbunden.

Schließlich war es 1978 so weit. 1977 waren in der Schweiz drei Tollwutfälle beim Menschen verzeichnet worden, ein tragischer Umstand, der den Entscheid, sich mit dem attenuierten Impfstoff tatsächlich ins Freiland zu wagen, wesentlich beeinflusst hat: Die Schweiz war bereit, unter der Leitung der Schweizerischen Tollwutzentrale die weltweit ersten Feldversuche mit Impfködern durchzuführen. Zur Anwendung kam dabei ein relativ sicherer Lebendimpfstoff, der legendäre Tollwut-Impfstoff SAD-Bern, der in Bern entwickelt worden war. Die Versuche im Kanton Wallis waren ein Erfolg: Eine weitere Ausbreitung der Tollwut konnte im Bereich der Impfzone auf Anhieb gestoppt werden.

In den folgenden Jahren wurden jeweils im Frühling und im Herbst in den betroffenen Schweizer Gebieten Impfkampagnen durchgeführt. In der ersten Zeit setzte man als Impfköder Hühnerköpfe aus, in denen ein Säckchen mit flüssigem Impfstoff steckte. Später wurden die Hühnerköpfe durch industriell gefertigte Tollwutköder ersetzt. Die Impfköder wurden von der Jägerschaft, der Wildhut und weiteren Beteiligten im Feld von Hand ausgebracht: ein immenser Aufwand, der sich jedoch letztlich lohnte. Dank der Erfolge in der Schweiz fand die Anwendung der oralen Immunisierung von Füchsen rege Nachahmung in Europa und Nordamerika.

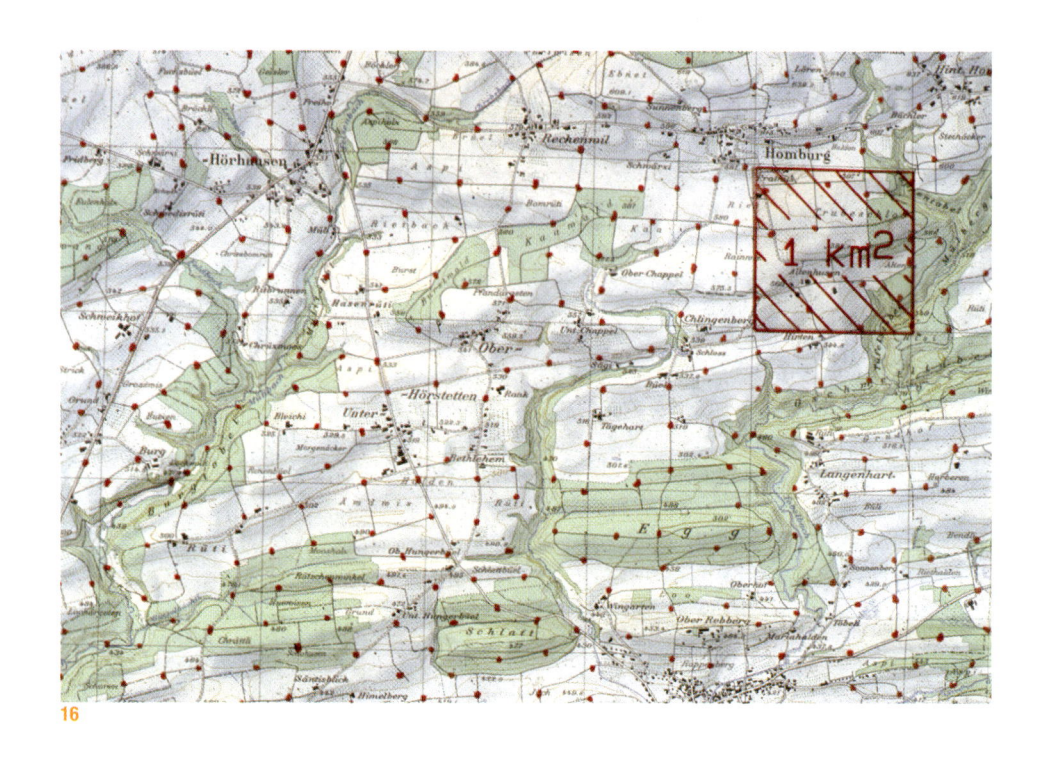

28 Stadtfüchse – Ein Wildtier erobert den Siedlungsraum

16

17 Impfstoffbehälter
Impfstoff
Köder

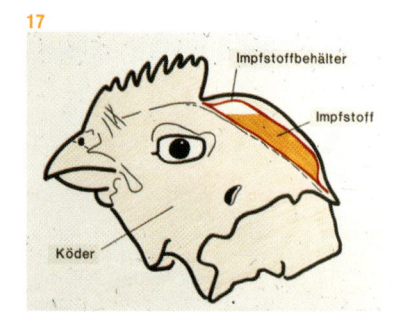

16 Die Auslegekampagnen wurden minutiös geplant. Jeder Auslegeort (auf der Karte mit einem roten Punkt markiert) wurde im Voraus festgelegt.
17 Bevor industriell gefertigte Köder zum Einsatz kamen, wurden Füchse mit Hühnerköpfen, die ein Säckchen mit Impfstoff enthielten, gegen Tollwut geimpft.
18 Köderauslage mit dem Auto: Für das Deponieren des Köders wurde angehalten, und jeder Köder musste von Hand an einer geeigneten Stelle deponiert werden.

Das Ende der Tollwut

Ab 1979 nahmen die diagnostizierten Tollwutfälle in der Schweiz stetig ab, die letzten Fälle bei Wildtieren wurden 1996 in der Nordwestschweiz festgestellt. Um das Risiko von nicht entdeckten Fällen zu minimieren, wurden die betroffenen Gebiete auf schrittweise reduzierter Fläche noch zwei weitere Jahre beimpft. Die letzten Impfkampagnen wurden im Frühling 1998 durchgeführt. Seit 1999 gilt die Schweiz nach den Richtlinien der Weltgesundheitsorganisation (WHO) offiziell als tollwutfrei, weitere europäische Länder folgten. 2005 waren neben der Schweiz auch Italien, Frankreich und Österreich tollwutfrei. In Deutschland wurde noch ein Tollwutherd im südlichen Hessen festgestellt, weshalb in dieser Region weiterhin Impfkampagnen nötig sind.

Stadtfüchse «dank» der Tollwutbekämpfung?

Das Wegfallen der Tollwut als wichtigster Todesfaktor bei Füchsen führte ab 1984 dazu, dass sich die Fuchsbestände zu erholen begannen, ein Anstieg, der in ganz Mittel- und Westeuropa zu beobachten war und sich in den zunehmenden Abschuss- und Fallwildzahlen widerspiegelte. Parallel zur allgemeinen Zunahme der Fuchspopulationen nahm eine Entwicklung ihren Anfang, die erst Jahre später als solche erkannt wurde: Füchse begannen, Städte und Ballungsgebiete zu besiedeln.

19 In unwegsamen Gebieten wurden Köder vom Helikopter aus verteilt.

20 Geeignete Stellen zur Köderauslage, wie hier unter einem Abfalleimer, wurden vor Ort bestimmt.

Auffallend an der Entwicklung der Schweizer Fuchspopulationen ist, dass die heutigen Fuchsbestände deutlich höher liegen als noch vor Beginn der Tollwutepidemie; aufgrund von detaillierten Berechnungen für die Schweiz werden sie heute zwischen zwei- und fünfmal so hoch geschätzt. Dies hat nicht nur mit der Eroberung der Siedlungsgebiete als neuen Lebensraum zu tun – auch in ländlichen Gebieten sind heute mehr Füchse zu Hause. Damit wird gezeigt, dass die Zunahme der Fuchspopulationen und die Eroberung von Siedlungsräumen durch Füchse nicht alleine mit der Tollwut zusammenhängen, sondern dass dafür langfristige Veränderungen im Lebensraum der Füchse verantwortlich sein müssen (mehr dazu in Kapitel 6).

Quellen: 7, 9, 15, 37, 38

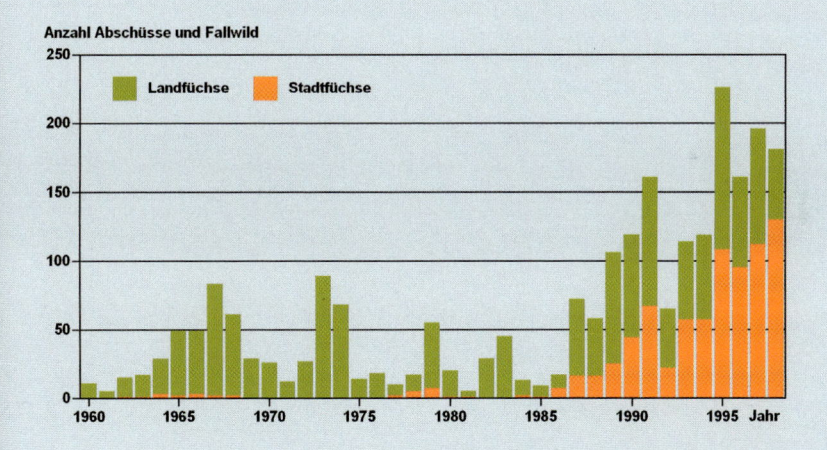

Statistik von Abschüssen und Fallwild bei Füchsen der Stadt Zürich von 1960 bis 1997
Die Gemeinde Zürich hat eine Fläche von 92 Quadratkilometern, die aus 53 Prozent Siedlungsgebiet, 41 Prozent ländlichem Gebiet und 6 Prozent Gewässern besteht. Wird die Statistik zu den Füchsen aufgeteilt in solche aus dem eigentlichen Siedlungsraum (orange Balken) und solche aus ländlichen Gebieten (grüne Balken), zeigt sich, dass in den 1960er Jahren nur vereinzelt Füchse im Siedlungsraum festgestellt wurden. Ab 1987 nahmen Abschüsse und Fallwild massiv zu, dies vor allem im eigentlichen Siedlungsraum.

Themenkasten 2 | Tollwut

21 Hunde, die über Landesgrenzen reisen, müssen gegen Tollwut geimpft sein. Besonders wichtig: Keine Hunde aus den Ferien ins Heimatland schmuggeln, sie könnten unbemerkt Träger des Tollwutvirus sein.

22 In Nordamerika wird die Tollwut auch über Waschbären übertragen. Auf dieser Warntafel wird deshalb empfohlen: «Wilde Tiere aus gesunder Distanz beobachten! Keine Wildtiere füttern! Eine mögliche Ansteckung mit Tollwut vermeiden.»

23 Herrenlose Hunde oder andere verwilderte Haustiere, die in den ostasiatischen Ländern, wie hier in Indien, in großer Zahl im Siedlungsraum leben, können Träger der Tollwut sein. Es ist daher ratsam, sich vor einer Reise in diese Länder über die Impfempfehlungen des Bundesamtes für Gesundheitswesen zu informieren und die Tiere nicht zu berühren.

Tollwut ist eine ansteckende Viruskrankheit, welche sämtliche Säugetiere und also auch den Menschen befallen kann. Sie kommt auf der ganzen Welt vor. Das Virus, welches in der Regel durch den Biss eines erkrankten Tieres via Speichel übertragen wird, befällt das Nervensystem und löst meist heftiges Speicheln, Aggressivität und Beißen aus. Die Krankheit führt, einmal ausgebrochen, zum Tod. Dies ist auch der Krankheitsverlauf beim Menschen. Dabei ist eine Früherkennung nicht möglich. Wird eine Exposition vermutet, muss auf jeden Fall mit einer «postexponentiellen Prophylaxe» begonnen werden. Ob tatsächlich eine Ansteckung vorlag oder nicht, kann man jedoch nicht nachweisen.

Die Fuchstollwut

Es gibt verschiedene Formen von Tollwut. Bei der Fuchstollwut oder silvatischen Tollwut, wie wir sie in Mitteleuropa kennen, ist der Fuchs der Hauptträger oder Vektor der Krankheit. Die Tollwut wurde und wird deshalb in Europa mehrheitlich durch den Fuchs verbreitet. In Nordamerika sind auch andere Vektoren von Bedeutung, z. B. der Waschbär und das Stinktier. Das Hauptaugenmerk bei der Tollwutbekämpfung in Europa war bei der letzten Tollwutwelle auf die Impfung der Füchse gerichtet, und mit der erfolgreichen Immunisierung der Fuchspopulationen gelang die Tilgung der Krankheit.

Die Hundetollwut

In Afrika und Asien ist die Hundetollwut, auch urbane Tollwut genannt, weit verbreitet. In diesen Ländern stellen Hunde das Hauptreservoir der Krankheit dar. Weltweit sterben nach offiziellen Zahlen der Weltgesundheitsorganisation WHO jährlich schätzungsweise 55 000 Menschen an Tollwut, wobei diese Ansteckungen zum überwiegenden Teil über Hunde laufen. Bei Reisen in diese Länder ist deshalb beim Kontakt mit Hunden große Vorsicht geboten und bei der Einfuhr von Tieren der gesetzlich vorgeschriebene Weg einzuhalten.

Bestandesentwicklung bei den Füchsen   33

21

22

Füchse entdecken die Stadt als Lebensraum

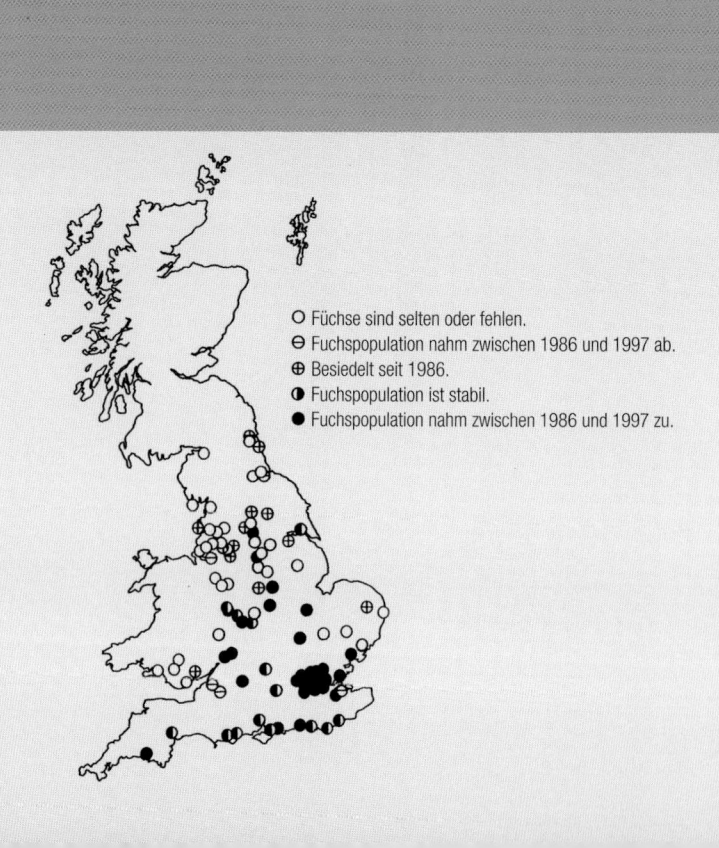

○ Füchse sind selten oder fehlen.
⊖ Fuchspopulation nahm zwischen 1986 und 1997 ab.
⊕ Besiedelt seit 1986.
◐ Fuchspopulation ist stabil.
● Fuchspopulation nahm zwischen 1986 und 1997 zu.

Stadtfüchse: ein britisches Phänomen?

Füchse in städtischen Siedlungen sind keine neue Erscheinung. Bereits während der Zwischenkriegsjahre wurden Füchse in Städten beobachtet. Allerdings beschränkte sich dieses Phänomen ausschließlich auf Großbritannien. In vielen britischen Städten entstanden in den 1930er Jahren dank tiefer Bodenpreise neue, ruhige Wohnquartiere mit den typischen Reihenhaussiedlungen und kleinen Gärten vor und hinter den Häusern. In wenigen Jahren verwandelten sich große, ländlich geprägte Gebiete zu locker bebautem Siedlungsraum mit einem hohen Grünflächenanteil. Vermutlich haben in diesen Vorstadt-Gebieten erste, besonders vorwitzige Landfüchse das Leben im Siedlungsraum erprobt und sich an die Nähe zum Menschen gewöhnt. Von hier aus konnten sich dann ihre Nachkommen langsam in die dichter bebauten Stadtquartiere ausbreiten.

Eine Umfrage in allen größeren Städten Großbritanniens in den 1970er Jahren zeigte, dass Füchse vor allem in Städten im Süden und Südosten des Landes weit verbreitet waren.

Die Entwicklung der Stadtfuchspopulationen in Großbritannien von 1986 bis 1997
Die ersten Stadtfüchse wurden bereits in den 1930er Jahren in London beobachtet.
Vor allem in südenglischen Städten sind sie heute überall anzutreffen. Je nördlicher die Stadt gelegen ist, desto später fand die Besiedlung durch Stadtfüchse statt.

38 Stadtfüchse – Ein Wildtier erobert den Siedlungsraum

24

25

Auch in der Hauptstadt London wurden zahlreiche Füchse beobachtet. Dazu schreibt der britische Fuchsforscher Prof. Steven Harris:

> «It is true if you walk the streets of (...) south-east London from midnight onwards, in two or three hours you are likely to see more foxes than you would in a whole year of country walking.»
> («Auf einem Spaziergang nach Mitternacht durch die Straßen Südost-Londons begegnet man innerhalb von zwei bis drei Stunden tatsächlich mehr Füchsen als auf den Spaziergängen auf dem Land während eines ganzen Jahres.»)
> (Harris: Urban Foxes. Whittet Books, 1986).

In den 1980er Jahren erreichte die Stadtfuchspopulation von Bristol, einer mittelgroßen Stadt mit rund 400 000 Einwohnern, nie zuvor beobachtete Dichten von über 30 erwachsenen Füchsen pro Quadratkilometer. Zum Vergleich: Für ländliche Gebiete Mitteleuropas gelten durchschnittliche Dichten von ein bis zwei Füchsen pro Quadratkilometer. Da lange nirgendwo im Verbreitungsgebiet des Rotfuchses ähnliche Verhältnisse wie in britischen Städten bekannt waren, nahm man allgemein an, dass es sich hierbei um eine Anpassung an die spezifisch britischen Stadtstrukturen handle. Englische Biologen sprachen gar von einem britischen Phänomen.

24 Erste Stadtfüchse wurden bereits in den 1930er Jahren in Großbritannien beobachtet. In vielen britischen Städten leben heute Füchse, wie dieser Fuchs in einem Londoner Wohnquartier.

25 Stadtfüchse sind kein britisches Phänomen, wie ursprünglich vermutet, sondern kommen auch in anderen europäischen Ländern vor, wie dieses Bild aus Zürich illustriert. Aber auch in Nordamerika, Australien und Japan wurden Stadtfüchse beobachtet.

26 In britischen Städten sind Füchse heute oft auch tagsüber zu beobachten. Auf dem europäischen Kontinent, hier in der Schweizer Stadt St. Gallen, sind tagaktive Füchse erst gelegentlich anzutreffen.

Stadtfüchse auf dem Kontinent Europa

Ab den 1980er Jahren mehrten sich Berichte von Fuchsbeobachtungen aus Städten des europäischen Festlandes. In Zürich richtete sich inmitten eines großen, städtischen Friedhofareals eine Fuchsfamilie ein. Füchse wurden aber auch erstmals in einem Stadtrandgebiet von Paris gesichtet oder vom Gelände des Berliner Tierparks gemeldet, und ein norwegischer Biologe beobachtete Stadtfüchse in Oslo. Diese Beobachtungen wurden jedoch vorerst als Anekdoten registriert und nicht als eigentliche Entwicklung erkannt.

Mit der Zunahme von Fuchsbeobachtungen vor allem in den beiden Schweizer Städten Zürich und Genf sahen sich jedoch die Wildtier-Verantwortlichen immer häufiger vor die Frage gestellt, wie mit den Füchsen im Siedlungsraum umzugehen sei. Was fehlte, war ein allgemeiner Überblick. Ende der 1990er Jahre wurde deshalb im Rahmen des «Integrierten Fuchsprojekts» (siehe Themenkasten 3) eine gesamtschweizerische Erhebung bei Wildhütern, Jägern und Naturschutzverantwortlichen in den 30 größten Schweizer Städten durchgeführt. Das Ergebnis war eindeutig:

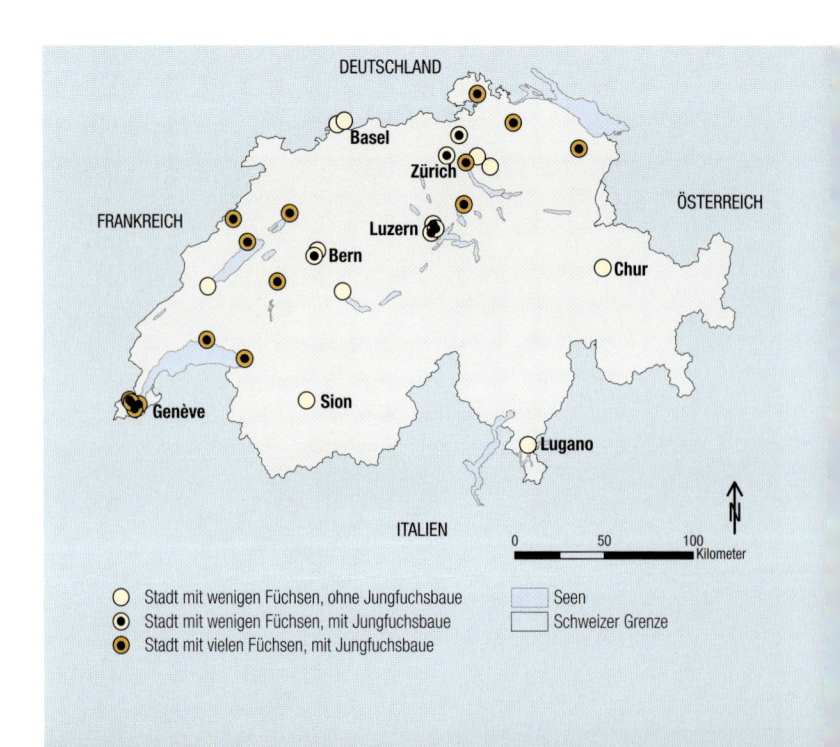

Inzwischen wurden in all diesen Städten Füchse beobachtet! Die Entwicklung hatte zwar zu unterschiedlichen Zeitpunkten angefangen, und nicht aus allen Städten wurden hohe Dichten gemeldet, aber trotzdem: Füchse sind heutzutage in allen Schweizer Städten allgegenwärtig – und dies trifft zunehmend auch für viele Städte und große Siedlungsgebiete in den umliegenden Ländern zu.

Weshalb aber lebt der als scheu bekannte Rotfuchs heute inmitten von vom Menschen geprägten Siedlungsgebieten? Wie kommt er mit der Stadt als Lebensraum zurecht? Sind Füchse echte Städter, oder verschlafen sie den Tag in ländlichen Gebieten und pendeln nur für die Futtersuche in die Stadt? Was bedeutet es für Mensch und Haustier, dass Füchse nun plötzlich in ihrer nächsten Umgebung leben? Und wie soll der Mensch mit diesem neuen Nachbarn umgehen? Dies waren zentrale Fragestellungen des Integrierten Fuchsprojekts, welches 1995 startete und sich mit der Dynamik der Fuchsbestände in der Schweiz und insbesondere mit den Füchsen im Siedlungsraum befasste.

Quellen: 15, 6, 18, 21, 3

Vorkommen von Stadtfüchsen in den größeren Schweizer Städten
In allen größeren Schweizer Städten (> 20 000 Einwohner) sind heute Füchse anzutreffen, wenn auch mit unterschiedlicher Häufigkeit. Die Karte basiert auf den Ergebnissen einer Befragung der Wildtierverantwortlichen zwischen 1999 und 2001.

Themenkasten 3 | **Das Integrierte Fuchsprojekt**

27 Modul «Wildtierbiologie»: Füchse erobern die Siedlungsgebiete. Wie kommen sie mit diesem neuen Lebensraum zurecht?
28 Modul «Übertragbare Krankheiten»: Der Kleine Fuchsbandwurm stand im Zentrum dieses Moduls.
29 Modul «Bestandesüberwachung»: Jungfüchse wurden mit Ohrmarken markiert. So wurde erforscht, wie weit sie vom Geburtsort wegziehen.

Das Integrierte Fuchsprojekt IFP wurde 1995 von Biologinnen und Biologen der Arbeitsgemeinschaft SWILD Zürich, der für Wildtiere zuständigen Verwaltungsabteilung Grün Stadt Zürich und der Schweizerischen Tollwutzentrale sowie von Veterinärmedizinern und -medizinerinnen des Parasitologischen Instituts der Universität Zürich gestartet. Sein Ziel war, die verschiedenen Aspekte der zunehmenden Fuchspopulation in der Schweiz, insbesondere das neue Phänomen der Stadtfüchse, detailliert zu untersuchen. Zu diesem Zweck schlossen sich Wissenschaftlerinnen und Wissenschaftler aus den Bereichen Wildtierbiologie, Parasitologie, Kommunikation und Sozialforschung zusammen. Durch eine interdisziplinäre Zusammenarbeit konnten so wertvolle Synergien und fachübergreifende Erkenntnisse gewonnen werden. Das Modul «Wildtierbiologie» und erste Arbeiten im Modul «Übertragbare Krankheiten» wurden im Rahmen eines Nationalfondsprojekts durchgeführt, das 2001 abgeschlossen wurde. Das IFP wurde zudem mit Unterstützung von europäischen Forschungsprojekten realisiert.

Modul «Wildtierbiologie»

Im Zentrum dieses Projekts standen die Füchse im Siedlungsgebiet. In einer gesamtschweizerischen Befragung der Wildtierverantwortlichen wurde die Situation in den Schweizer Städten erfasst. An einer Fuchspopulation in der Stadt Zürich wurde mit sendermarkierten Füchsen untersucht, wie weit diese in den städtischen Raum vordringen, welche städtischen Lebensräume sie nutzten und wie sie sich in der stark vom Menschen geprägten Umwelt zurechtfinden. Dazu wurden auch die Ernährungsgewohnheiten von Stadtfüchsen und die Wahl ihrer Rückzugsorte während des Tages erforscht. Außerdem wurde der Frage nachgegangen, wie weit ein Austausch zwischen der Stadt- und der Landfuchspopulation besteht.

27

Modul «Übertragbare Krankheiten»

Immer, wenn ein Wildtier in der Nähe des Menschen und seiner Haustiere lebt, stellt sich auch die Frage nach Krankheiten, die von den Wildtieren auf den Menschen übertragbar sind, den so genannten Zoonosen, und wie der Mensch sich davor schützen kann. Der Fuchs wird in Europa vor allem mit zwei Zoonosen in Zusammenhang gebracht: mit der Tollwut und mit dem Kleinen Fuchsbandwurm. Im Zentrum stand eine Untersuchung zur Verbreitung und Häufigkeit des Kleinen Fuchsbandwurms im Siedlungsraum und zu möglichen Maßnahmen, um dieser Zoonose zu begegnen. Zudem wurde überprüft, wie im Falle eines erneuten Tollwut-Ausbruchs Füchse auch mitten im Siedlungsraum mit Tollwut-Impfködern erreicht werden können.

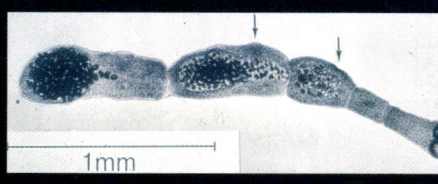

Modul «Bestandesüberwachung»

Die Schweiz sowie weite Gebiete von Mittel- und Westeuropa sind heute frei von Tollwut. Mit dem Rückgang der Tollwut haben jedoch die Fuchspopulationen im europäischen Raum stark zugenommen. Neu leben in vielen europäischen Städten und Siedlungsräumen Füchse. Diese Situation gilt es im Auge zu behalten, um auch im Falle einer erneuten Ausbreitung der Tollwut sofort und gezielt reagieren zu können. Aus diesem Grund wurde an der Schweizerischen Tollwutzentrale an Methoden gearbeitet, die Fuchsbestände besser schätzen und ihre Entwicklung genauer beobachten können.

30 Modul «Akzeptanz»: Wie sind die Menschen gegenüber Stadtfüchsen eingestellt?
31 Modul «INFOX-Kommunikation»: Eine Zielgruppe waren Kinder. Die Stadtfüchse waren Schulstoff (eine anschauliche Unterrichtshilfe unterstützte Lehrerinnen und Lehrer), und Fuchsbeobachtungen aus dem Umfeld der Kinder wurden vom Integrierten Fuchsprojekt zusammengetragen.

30

31

Modul «Zur Akzeptanz von Füchsen im Siedlungsraum»

Füchse im Siedlungsraum, in nächster Nähe zu Menschen und ihren Haustieren, bedeuten eine Herausforderung für die Bewohnerinnen und Bewohner der Städte. Während sich die einen freuen, mitten im Siedlungsraum Füchsen zu begegnen, fürchten sich andere vor dem Kleinen Fuchsbandwurm oder sind verärgert, dass Füchse auf ihrem Grundstück ihr Unwesen treiben. In einer soziologischen Studie wurde untersucht, wie es um die gesellschaftliche Akzeptanz von Füchsen im Siedlungsraum steht.

Modul «INFOX – Kommunikation»

Ziel der Informationskampagne INFOX war, Wege für ein möglichst konfliktarmes Zusammenleben von Menschen und Stadtfüchsen aufzuzeigen. INFOX informierte im Fernsehen, am Radio und über Zeitungsberichte laufend über die aktuellen Forschungsergebnisse aus dem Integrierten Fuchsprojekt. Schulkinder meldeten Stadtfuchsbeobachtungen und nahmen an einem großen Zeichnungswettbewerb teil. Wichtige Verhaltensregeln und Handlungsmöglichkeiten zu einem sinnvollen Umgang mit Stadtfüchsen wurden kommuniziert, um damit Konflikte zu minimieren. In Zusammenarbeit mit Städten, Kantonen und dem Bund wurden Informationsunterlagen erarbeitet und eine große Wanderausstellung sowie die Internet-Site www.zor.ch berichten aus dem Leben der Stadtfüchse.

Das IFP wurde von folgenden Institutionen getragen: Arbeitsgemeinschaft SWILD, Stadtökologie, Wildtierforschung, Kommunikation, Zürich; Grün Stadt Zürich (Verwaltungsabteilung der Stadt Zürich), Bereich Wildnis und Tiere; Institut für Parasitologie, Universität Zürich; Schweizerische Forschungsanstalt für Wald, Schnee und Landschaft WSL, Birmensdorf ZH, Schweizerische Tollwutzentrale, Universität Bern und Zoologisches Museum der Universität Zürich.

Quelle: 5

4 Wo leben Stadtfüchse?

32

Nächtliche Besucher vom Land?

Nur selten lässt sich ein Fuchs am helllichten Tag im Siedlungsraum beobachten. Die meisten Begegnungen erfolgen nachts, wenn ein Fuchs durch das Licht der Autoscheinwerfer huscht, den Bewegungsmelder einer Lichtanlage auslöst oder unter einer Straßenlampe vorbeischnürt. So entsteht der Eindruck, dass Füchse lediglich in der Nacht zur Nahrungssuche in die Stadt kommen und den Tag wohl an geschützten Plätzen in den stadtnahen Wäldern verbringen.

Wie Stadtfüchse tatsächlich unterwegs sind, wo sich ihre Streifgebiete befinden und wo sie sich am Tag zurückziehen, lässt sich nur mit umfangreichen Untersuchungen herausfinden. Mit Hilfe der Radiotelemetrie (siehe Themenkasten 4) wollten wir uns deshalb auf die Spuren der Stadtfüchse begeben. Dazu markierten wir in der Stadt Zürich Füchse mit Senderhalsbändern. Dadurch wurde es möglich, einzelne Tiere, ohne sie zu stören, auf ihren nächtlichen Streifzügen durch die Stadt zu begleiten und ihre Tagesschlafplätze zu lokalisieren. Bevor wir uns auf die nächtlichen Fuchstouren begeben konnten, galt es aber, Füchse zur Sendermarkierung einzufangen.

Auf Stadtfuchsfang

Wer Füchse fängt, kann einiges über dieses Wildtier lernen. Stadtfüchse sind manchmal vorwitzig und viel weniger scheu als ihre Artgenossen vom Land, dennoch sind sie ausgesprochen vorsichtig und aufmerksam. Wenn wir Fuchsfallen an Standorten aufstellten, die zuvor häufig von Füchsen besucht wurden, mieden sie diese Stellen plötzlich und tappten zum Teil auch nach Wochen nicht in unsere Fallen, und dies, obschon in den Fallen attraktive Köder lockten.

Auf Veränderungen in ihrer Umwelt scheinen Füchse besonders vorsichtig zu reagieren. Neue Objekte werden zuerst aus einer gewissen Distanz inspiziert. Spuren im Schnee und Videoaufnahmen mit Überwachungskameras zeigten uns, wie Füchse sich oft erst im Verlauf von mehreren Nächten allmählich den verführerisch riechenden Fuchsködern, die in den Fuchsfallen platziert waren, näherten. Waren sie einmal in Reichweite eines Köders, streckten sie in geduckter Stellung langsam ihre Nase vor, so dass sie sich jederzeit sofort mit einem weiten Satz in Sicherheit bringen konnten.

32 Stadtfüchse halten sich bevorzugt in Gebieten auf, in denen des Nachts nur wenige Menschen unterwegs sind und die ein großes Nahrungsangebot aufweisen, wie z. B. in diesen Schrebergärten, aber auch in öffentlichen Grünanlagen und ruhigen Wohnquartieren.

33 Fuchsfallen wurden oft an Engpässen aufgestellt und während mehrerer Tage offen stehen gelassen. Erst wenn sich die Füchse an die Falle gewöhnt hatten, wurde sie scharf gestellt.

34 Viele Stadtfüchse sind echte Städter und verbringen ihr ganzes Leben im Siedlungsraum.

Um erfolgreich Füchse für unsere Telemetriestudie zu fangen, mussten wir die Fallenstandorte sorgfältig auswählen. Oft stellten wir die Fallen an Engpässen auf, die von den Füchsen nicht ohne Weiteres umgangen werden konnten. Wir fassten die Fallen nur mit Wegwerfhandschuhen an, damit sie möglichst wenig nach Mensch riechen würden. Vor dem Scharfstellen ließen wir sie mehrere Nächte offen stehen und warfen Köder hinein, um die Füchse zu motivieren, die Stelle weiter als Durchgang zu benutzen. So gelang es uns schließlich, für unsere Untersuchungen zwölf ausgewachsene Füchsinnen (Fähen) und acht Füchse (Rüden) zu fangen und mit einem Halsbandsender zu markieren.

Pendler oder echte Städter?

Nachdem ein Fuchs gefangen war, meist mitten in der Nacht, haben wir ihn narkotisiert und den Halsbandsender montiert. Danach wurde der Fuchs wieder freigelassen. Anschließend war die Spannung jedes Mal groß: Wo würde der Fuchs durch die Stadt ziehen, welche Orte zur Nahrungssuche aufsuchen, an welchen Plätzen schlafen? Ausgerüstet mit Peilantennen und Empfangsgeräten folgten wir den sendermarkierten Tieren und erhielten so über viele Nächte von jedem Fuchs ein Bild, wie er sich in der Stadt bewegte, welche Orte besonders attraktiv waren und welche Bereiche gemieden wurden.

Füchse vom Stadtrand, so haben die Untersuchungen gezeigt, verbringen den Tag tatsächlich meist im stadtnahen Waldgebiet und suchen den Siedlungsraum lediglich in der Nacht auf. Diese Füchse wagen sich kaum in die eigentliche Stadt vor, sondern besuchen vielmehr deren Randbereiche, wie zum Beispiel Schrebergartenareale oder ruhige Außenquartiere mit vielen Gärten, und können als Pendler bezeichnet werden.

Aber bei vielen Füchsen, die wir über lange Zeiträume verfolgten, kamen wir bei unserer Nachtarbeit nie aus dem Siedlungsraum heraus. Ein Großteil der Füchse in der Stadt sind nämlich echte Städter, d.h., sie verbringen sowohl die Nacht als auch den Tag im Siedlungsraum, leben mitten in der Stadt und kommen nie an den Stadtrand. Es ist anzunehmen, dass viele dieser Füchse in der Stadt geboren wurden, hier aufgewachsen sind und noch nie einen Wald gesehen haben.

Wo leben Stadtfüchse? 49

33

34

35 Wer in solchen reich strukturierten Wohnquartieren nachts ein paar Stunden herumspaziert, kann mehr Füchsen begegnen als bei langen Spaziergängen auf dem Land.

36 Belebte Wohnquartiere werden von Füchsen vor allem in der zweiten Nachthälfte aufgesucht, nämlich dann, wenn sie in Innenhöfen und Gärten ungestört Nahrung suchen können.

In der Stadt unterwegs

Während der Nacht sind Füchse überall in der Stadt anzutreffen: im durchgrünten Stadtrandquartier ebenso wie im Industrie- und Gewerbeareal, aber auch in der dicht bebauten Innenstadt. Allerdings ziehen Füchse für ihre nächtlichen Streifzüge jene Stadtteile vor, in denen es für sie genügend Futter zu finden gibt und Störungen durch Menschen in der Nacht nicht sehr häufig sind.

Die Analysen der Telemetriedaten ergaben, dass sich die Füchse über der Erwartung häufig in Grünanlagen, auf Friedhofarealen und in Schrebergärten aufhielten, und dies vor allem während der ersten Nachthälfte. Während der zweiten Nachhälfte suchten die sendermarkierten Tiere ruhige Wohnquartiere mit Gärten auf, zu einer Zeit also, als hier nur noch wenige Menschen unterwegs waren. Diese Ergebnisse zeigen, dass Füchse auch in der Stadt dem direkten Zusammentreffen mit Menschen ausweichen.

Allerdings waren die individuellen Unterschiede zwischen den Füchsen sehr groß. So hielt sich der alte Rüde Muk, den wir während eines Jahres immer wieder auf seinen nächtlichen Touren begleiteten, fast ausschließlich auf einem großen Friedhofareal auf, wo er auch den Tag verbrachte. Eine Fähe im selben Gebiet nutzte neben dem Friedhofareal auch die angrenzenden Wohnquartiere und war zwischen den Häusern, auf Plätzen und in Innenhöfen, auf einem Schulhausareal und in Gärten unterwegs.

35

Wo leben Stadtfüchse? 51

36

37

Kleine Territorien

Die Streifgebiete der Füchse, und zwar sowohl von sesshaften Rüden wie auch von Fähen, sind erstaunlich klein. Die Territorien umfassten im Durchschnitt eine Fläche von 29 bis 31 Hektaren (das ist weniger als ein Drittel eines Quadratkilometers), wobei die intensiv genutzten Bereiche oft nur wenige Hektaren betrugen. Das kleinste Streifgebiet aus der Studie in der Stadt Zürich nutzte die zirka vierjährige Fähe Zir (siehe Abbildung Seite 58): Es maß nur gerade acht Hektaren, was der Fläche von etwa zehn Fussballfeldern entspricht. Dieses Gebiet umfasste ein paar Straßenzüge mit Reihenhäusern und Hintergärten, ein Schulhausareal mit Sportplatz und das ungenutzte Grundstück einer ehemaligen Schreinerei mit verwilderten, ungestörten Winkeln. Einzig die jungen Rüden, die sich noch nicht in einem festen Territorium niedergelassen hatten, streiften nachts auf kilometerlangen Rundgängen durch die Stadt.

Streifgebiete von Füchsen in ländlichen Gegenden sind im Vergleich dazu meist um ein Vielfaches größer. In einer Studie im Schweizer Jura waren die Füchse in Gebieten von 116 bis 353 Hektaren unterwegs, in den Weiten von Kanada gar auf 2000 Hektaren. Die kleinen Streifgebiete der Stadtfüchse zeigen, dass die Stadt für Füchse einen günstigen Lebensraum bildet, der offenbar auf kleiner Fläche die nötigen Lebensgrundlagen wie Nahrung, Schlafplätze und Orte für die Jungenaufzucht zur Verfügung stellen kann.

37 Öffentliche Grünanlagen werden oft von Füchsen besucht. Mit etwas Glück kann man hier in einer regnerischen Nacht einen Fuchs auf der «Regenwurmjagd» beobachten. Auf Spielplätzen finden sich zudem immer wieder fortgeworfene Esswaren wie Apfelgehäuse oder Reste von Sandwiches.

Themenkasten 4

Radiotelemetrie von Füchsen

38 Mittels der Radiotelemetrie wurden Stadtfüchse während der Nacht auf ihren Streifzügen begleitet. Dabei wurden die Sendersignale der Halsbandsender mit Hilfe eines speziellen Empfangsgerätes und einer Handantenne lokalisiert.

39 Gefangene Füchse wurden in der Falle narkotisiert. Anschließend wurde ihnen ein Halsband mit einem integrierten Peilsender montiert.

40 Mit einem Halsbandsender markierter Stadtfuchs.

Standardmethode der Wildtierbiologie

Für die Erforschung von Tierarten, die im Versteckten leben oder während der Nacht im Dunkeln aktiv sind und nicht leicht beobachtet werden können, braucht es technische Hilfen. Eine dieser Methoden ist die Radiotelemetrie: Dabei werden Tiere mit kleinen Sendern markiert. Diese senden elekromagnetische Wellen mit einer bestimmten Wellenlänge, womit die Aufenthaltsorte der Sender mit speziellen Empfangsgeräten und Antennen gepeilt werden können. Dank den breiten Anwendungsmöglichkeiten und der durch die Weiterentwicklung der Technik immer kleiner werdenden Sender erfuhr die Methode der Radiotelemetrie in den letzten Jahrzehnten bei der Erforschung von Wirbeltieren einen wahren Boom und hat sich zu einer Standardmethode der Wildtierbiologie entwickelt.

Halsbandsender für Füchse

Bei der Erforschung von Füchsen kommen so genannte Halsbandsender zum Einsatz: rund 150 Gramm schwere Sender, die dank einer eingebauten Batterie eine Lebensdauer von ein bis zwei Jahren haben und mit einem Halsband ausgewachsenen Füchsen angelegt werden. Dazu müssen die Füchse gefangen und anschließend narkotisiert werden. Die Tiere werden vermessen und gewogen, das Halsband samt Sender wird angepasst und der sendermarkierte Fuchs anschließend wieder freigelassen.

Vom Peilpunkt zum Aktivitätsgebiet

Um die nächtlichen Aufenthaltsgebiete zu erfassen, haben wir in den Jahren 1996 bis 1999 insgesamt 20 Füchse auf ihren Streifzügen während jeweils acht Stunden zu Fuß oder mit dem Fahrrad durch die Nacht begleitet. Wir folgten den Tieren jede Nacht jeweils während acht Stunden zu Fuß und mit dem Fahrrad. Alle 15 Minuten wurde der möglichst genaue Aufenthaltsort des Fuchses mit Empfangsgerät und Handantenne gepeilt und auf einem Diktiergerät festgehalten. Die Peilpunkte mehrerer Nächte über eine Saison hinweg ergeben das Aktivitätsgebiet eines Fuchses. Daraus kann die Größe der Gebiete berechnet werden, welche die Füchse nutzen. Die Daten geben außerdem über die Habitatnutzung Aufschluss, also über die Orte und Lebensraumtypen, welche besonders häufig aufgesucht werden und somit für Füchse besonders «interessant» sind (Grafik S. 56).

Wo leben Stadtfüchse? 55

○ Peilpunkte von Fähe Ira	**Aufenthaltsdichte Ira** **Aufenthaltsdichte Zir**
● Peilpunkte von Fähe Zir	▇ hoch ▇ hoch
☐ Aktivitätsgebiet Ira	▇ mittel ▇ mittel
☐ Aktivitätsgebiet Zir	☐ tief ☐ tief

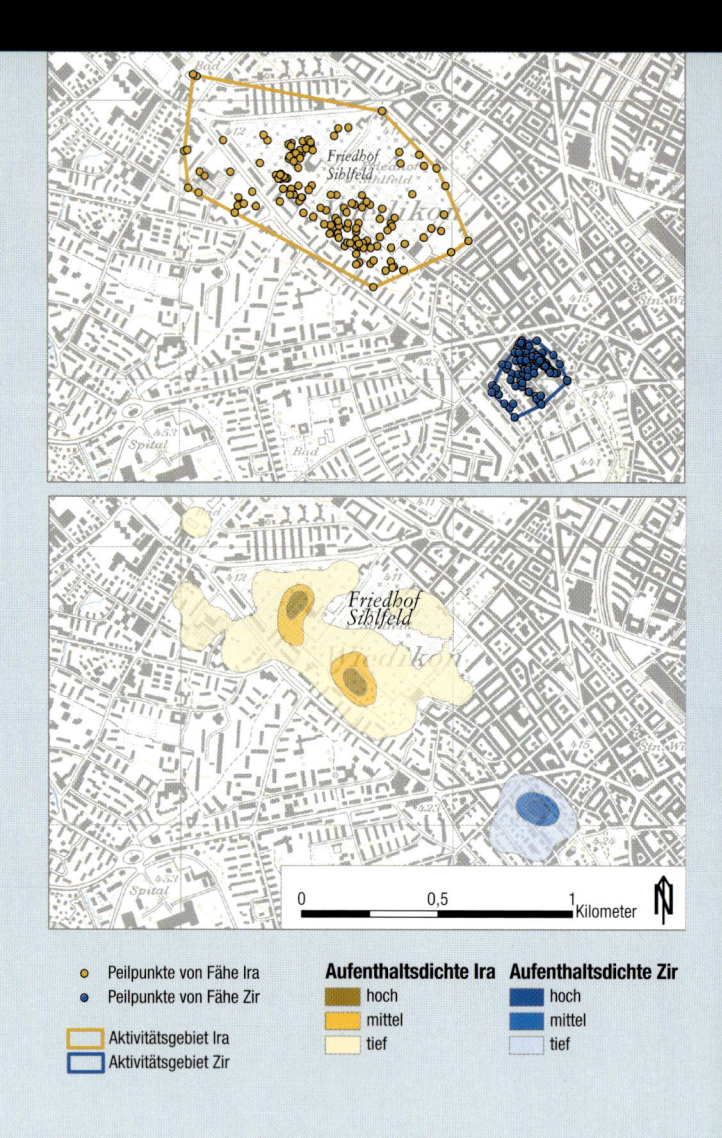

Von Peilpunkten zum Aktivitätsgebiet

Während der Nacht wurde alle Viertelstunden der Aufenthaltsort eines bestimmten Fuchses festgehalten. Die Aufenthaltsorte von mehreren Nächten, verteilt in einer Saison, ergaben das Aktivitätsgebiet dieses Fuchses. Mit Hilfe von speziellen Computerprogrammen können die Kerngebiete bestimmt werden, die besonders häufig genutzt wurden. Hier zu sehen sind die Aktivitätsgebiete der beiden Fähen Ira und Zir, in welchen sie von Juni bis Oktober 1998 unterwegs waren.

Telemetrieren in der Stadt

Wer die Methode der Telemetrie in der Stadt anwendet, ist bei der «Feldarbeit» mit einer völlig eigenen Arbeitssituation konfrontiert, die sich stark von derjenigen in ländlichen Gebieten unterscheidet. Während es in der offenen Landschaft entscheidend ist, einen genügend großen Abstand zum telemetrierten Tier zu halten, um es in seinen Aktivitäten nicht zu stören, kann man sich in der Stadt den Tieren auf kleinere Distanzen nähern, da es meist Gebäude gibt, die Sichtschutz bieten. Weil sich Füchse jedoch häufig in gedeckten Bereichen aufhalten, bekommt man die sendermarkierten Füchse in der Stadt nur ganz selten zu Gesicht.

Wer mit Antenne und Empfangsgerät ausgerüstet durch die Stadt wandelt und dies nicht selten mitten in der Nacht, löst einiges Erstaunen aus. Immer wieder fragten uns Leute, ob wir Windmessungen machen, den Verkehr kontrollieren oder gar Leute aufspüren, die Fernsehen schauen, ohne die Gebühren zu bezahlen.

Aktivitätsgebiete von 8 Rüden und 12 Fähen

Zwanzig Füchse wurden zwischen Dezember 1996 und Juni 1999 mit Hilfe der Radiotelemetrie beobachtet. Die Rüden Sur, Nur und Lan waren in großen Aktivitätsgebieten unterwegs, vermutlich auf der Suche nach freien Territorien. Die übrigen Füchse waren alle sesshaft und gehörten einer Familiengruppe an. Die Füchse am Stadtrand (die Fähen Sar, Nau, Ele und Pam und die Rüden Sul und Sil) nutzten die Stadt nur teilweise und waren oft in den an die Stadt angrenzenden Waldgebieten unterwegs. Zwölf der zwanzig Füchse lebten jedoch ausschließlich im Siedlungsraum und verließen die Stadt nie. Das Gebiet der 17 sesshaften Füchse umfasst etwa elf Quadratkilometer. Diese Fläche teilen sie mit rund 100 weiteren ausgewachsenen Füchsen.

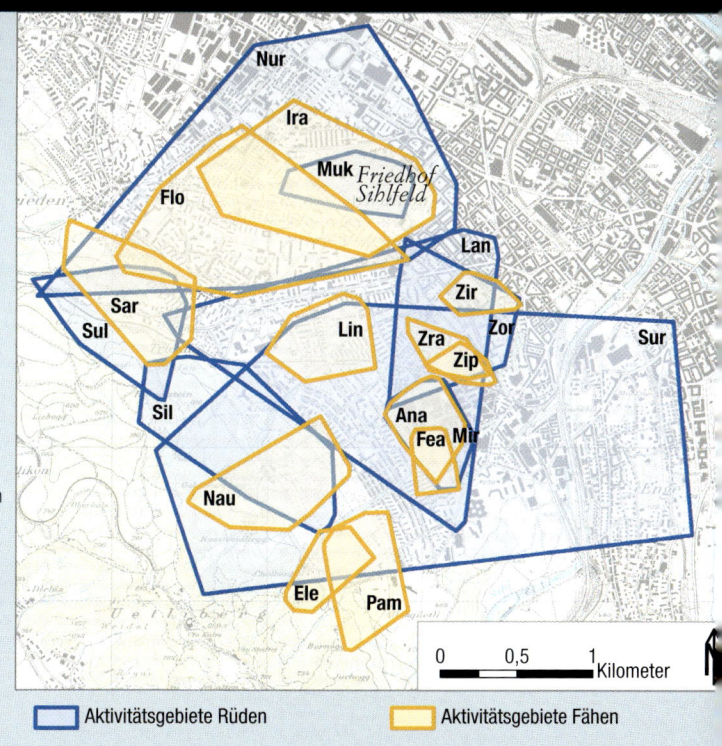

Themenkasten 5 | **Mit Fähe Zir und Rüde Muk durch die Nacht**

Eine kühle Herbstnacht, unterwegs mit der Fähe Zir

Zir hat den Tag in einer Spalte zwischen zwei Mauern verschlafen (1). 22.15 Uhr: Sie verlässt ihr Tagesversteck und sucht als Erstes auf dem Schulhausplatz nach Überbleibseln von Pausenbroten (2). Entlang der Sportanlage und nach einem kurzen Abstecher in einen Garten (3) schnürt Zir über eine Spielwiese (4). Gegen Mitternacht überquert sie mehrere Straßen und besucht verschiedene Komposthaufen (5, 6, 7). Auf dem Gehsteig vor einem Lebensmittelladen findet sie Pizzareste (8). Im Schulgarten trifft Zir auf einen anderen Fuchs (9). Gegen drei Uhr morgens kontrolliert sie ein Entengehege (10). Doch auch heute wurde das Gehege sicher verschlossen, und die Enten schlafen gut geschützt. Zir zieht weiter durch den großen Garten des Pfarrhauses (11) zu einer Grünanlage (12). Auf dem Spielplatz findet sie nochmals Reste von kleinen Mahlzeiten (13). Gegen sechs Uhr zieht sich Zir unter einen Balkon zurück, vor neugierigen Blicken durch dichtes Efeu geschützt (14).

Eine laue Sommernacht, unterwegs mit dem Rüden Muk

Muk hat den Tag unter einem Busch im riesigen, parkartigen Friedhof Sihlfeld verbracht (1). Gegen 23 Uhr dehnt und streckt sich der stattliche Fuchs und zieht los. Auf einer nahe gelegenen Wiese spielen fünf Fuchswelpen (2). Muk beteiligt sich an ihrem Spiel. Nebenbei findet er unter einer Tanne fortgeworfenes Brot. Gegen Mitternacht zieht er weiter in die benachbarten Schrebergärten (3), wo er an verschiedenen Komposthaufen nach Nahrung sucht und unter einem Kirschbaum heruntergefallene Kirschen frisst. Nach einem kurzen Abstecher ins benachbarte Wohnquartier (4) kehrt Muk in das Schrebergartenareal zurück (5). Anschließend besucht er den Garten des Friedhofwartes (6). Ob dieser wohl am Abend gegrillt hat und auch etwas für Muk angefallen ist? Zurück im Friedhof macht Muk Jagd auf kleine Beutetiere (7, 8, 9). Um vier Uhr früh trifft er einen anderen Fuchs (10). Die beiden ziehen nach einer kurzen Begrüssung auf getrennten Wegen weiter (11). Um fünf Uhr legt sich Muk zum Schlafen unter denselben Busch wie am Tag zuvor (1).

Neben dem Weg von Muk sind rot und blau die Wege von zwei weiteren Füchsen zu sehen, die in dieser Nacht im selben Gebiet unterwegs waren.

Themenkasten 6

Stadt der Menschen – Stadt der Füchse

Dort, wo wir am Tag in der Stadt unterwegs sind und den Platz für uns beanspruchen,

Wo leben Stadtfüchse? 61

wird es in der Nacht ruhig. Dann gehört die Stadt (fast) ganz den Wildtieren.

5 Wo Stadtfüchse den Tag verbringen

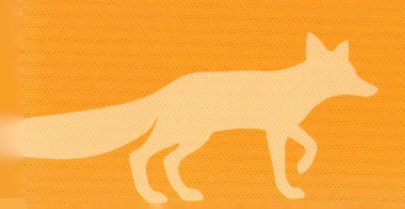

41 a

41 b

41 a,b Der Schlafplatz dieser Fähe auf dem Dach einer Gewerbehalle und unter dem Vordach der dahinterliegenden Fabrik bietet Schutz vor der Witterung und gleichzeitig einen guten Überblick.

Ungestört den Tag verschlafen

Schlaf ist auch für Wildtiere lebenswichtig. Doch Ruhephasen bergen immer ein Risiko, denn wenn die Aufmerksamkeit nachlässt, wird man schnell überrascht, und dies kann für Wildtiere lebensgefährlich sein. Deshalb haben Wildtiere die unterschiedlichsten Strategien entwickelt, wie sie ihre Ruhephasen möglichst sicher verbringen können. Füchse suchen für ihren Schlaf gut geschützte Orte auf und bleiben auch schlafend aufmerksam. Bei jedem ungewöhnlichen Geräusch merken sie auf. Plätze, wo sie ungestört und gefahrlos die Tagesstunden verbringen und im Frühling und Sommer die Jungen großziehen können, sind ein zentrales Element im Lebensraum der Füchse.

42

Auf den ersten Blick scheint es ein schwieriges Unterfangen zu sein, geeignete Fuchsschlafplätze in der Stadt zu finden, wo viele Menschen von morgens früh bis abends spät unterwegs sind. Die Beobachtungen der sendermarkierten Füchse in der Stadt Zürich zeigten uns jedoch, dass es auch mitten im Siedlungsraum überraschend viele Orte gibt, die von uns Menschen nicht genutzt und auch nie oder kaum begangen werden. Mit ihrer hervorragenden Nase nehmen die Füchse die Intensität der menschlichen Nutzung eines Ortes während der vorangegangenen Tage wahr und spüren ungenutzte Orte mit großer Sicherheit auf.

43

44

42 Schrebergartenhäuschen werden oft zum Ruhen genutzt.
43 Durch dieses Fenster mit defektem Schutzgitter schlüpft ein Fuchs regelmäßig in den ungenutzten Keller eines Kindergartens und verschläft hier den Tag an einem sicheren Ort.
44 Ein sendermarkierter Rüde schläft im Estrichabteil eines Lagerschuppens. Erst auf den zweiten Blick entdeckt man einen zweiten Fuchs. Im Hintergrund döst eine Fähe. Es ist Paarungszeit, und da teilen sich Rüden und Fähen manchmal den Schlafplatz.

Schlafplätze im Freien

Baue und Hohlräume brauchen Füchse vor allem im Frühling und Frühsommer, wenn sie ihre Jungtiere aufziehen. Doch Baue bringen neben dem Schutz für die Jungtiere auch Gefahren mit sich, denn es ist gut voraussehbar, dass Füchse früher oder später bei diesen auftauchen. Jäger machen sich dies zu Nutze und bejagen Füchse seit Jahrhunderten bei den Bauen. Möglicherweise ist dies der Grund, weshalb Füchse außerhalb der Jungenzeit den Tag häufig an Orten im Freien verbringen, die ihnen einen guten Überblick über die nähere Umgebung und damit über mögliche, sich nähernde Gefahren bieten. Entsprechend lagen die Schlafplätze der untersuchten Stadtzürcher Füchse meist etwas abseits von Fußwegen und befanden in der Nähe von Orten, wo sich Menschen für die Füchse voraussehbar verhalten, zum Beispiel entlang von Gehwegen, die kaum verlassen werden.

Füchse am Stadtrand verbrachten den Tag vorwiegend in unzugänglichen Steilhängen angrenzender Waldgebiete. Dabei waren sie erstaunlich oft auch am Tag für kurze Zeit aktiv und wechselten den Schlafplatz. Füchse, die sich tagsüber im Siedlungsraum aufhielten, nutzten ganz unterschiedliche Orte. Häufig befanden sich ihre Schlafplätze in Parkanlagen, z. B. unter Büschen oder in Schrebergartenarealen, hauptsächlich in Hohlräumen unter Gartenhäuschen. Auch ruhige Orte auf wenig genutzten oder nachts geschlossenen Industriearealen wurden zur Tagesruhe aufgesucht. Selbst in Freibädern verschliefen Füchse den Tag, manchmal unmittelbar neben dem lauten Badebetrieb, von den Badegästen unbemerkt, aber im sicheren Stachelgestrüpp (Abb. 47).

Kein Mangel an Schlafplätzen

Füchse verschlafen den Tag meist alleine. Besonders geeignete Schlafplätze können zwar von mehreren Füchsen derselben Familiengruppe genutzt werden, dies geschieht jedoch kaum einmal zur selben Zeit. Einzig während der Jungenzeit, wenn ein Fuchsbau genutzt wird, schlafen Füchse regelmäßig am selben Ort. Manchmal können aber auch während der Paarungszeit ein Rüde und eine Fähe gemeinsam am selben Ort schlafen (Abb. 44).

Die meisten Füchse haben eine ganze Anzahl verschiedener Schlafplätze, die verteilt in ihrem Streifgebiet liegen und fast immer nur von ihnen alleine benutzt werden. Die Wahl der Tagesruheplätze zeugt von der enormen Anpassungsfähigkeit dieses einstmals scheuen Wildtieres an den städtischen Lebensraum: Tagesruheplätze liegen oft an verblüffenden Stellen, wie etwa auf einer von Autos und Lastwagen umbrausten, begrünten Verkehrsinsel, auf der während des Tages garantiert kein Mensch auftaucht. Dass jeder Fuchs so viele eigene Schlafplätze nutzt, zeigt, dass in der Stadt kein Mangel an Schlafplatzgelegenheiten für Füchse herrscht.

Wo Stadtfüchse den Tag verbringen **69**

45 Orte, wo junge Füchse großgezogen werden, befinden sich oft in Erdbauen, die in Hohlräumen unter Schuppen und Gartenhäuschen gegraben werden.

45

46

47

Geschützte Kinderstube

Orte, an denen Jungtiere aufgezogen werden können, sind schwieriger zu finden, denn an diese Plätze und ihre nähere Umgebung stellen die Füchse höhere Ansprüche. Kein Wunder, sollen doch die Jungfüchse die ersten Wochen, wenn sie vor dem Bau spielen und noch wenig vorsichtig sind, in möglichst großer Sicherheit aufwachsen.

Jungenaufzuchtsorte befinden sich entsprechend meist in ruhigen Arealen, die in der Nacht abgeschlossen werden und auf denen keine Hunde erlaubt sind: Friedhöfe, Badeanstalten, Industriegelände und

46 Füchse ruhen häufig im Freien. Wichtig ist, dass die Ruheplätze nicht von Menschen gestört werden. Dieser Schlafplatz lag wenige Meter neben einem Fussweg in einem großen Friedhofareal. Da Friedhofsbesucher die Wege kaum je verlassen, ist dieser Ort aber sicher.

47 Freibäder sind große Grünanlangen, die in der Nacht geschlossen und damit menschenleer sind. Aber auch tagsüber halten sich hier Füchse auf, zum Beispiel in der dichten Vegetation im Vordergrund. Sie bleiben ungestört, wenn auch rundherum reger Badebetrieb herrscht.

48 a,b Das von Füchsen gegrabene Loch dient als Eingang in einen Hohlraum unter dem Gebäude, wo ein Wurf Jungfüchse den Tag verbringt.

Schrebergärten. Im Gegensatz zu England, wo die Stadtfüchse begonnen haben, ihre Jungen auf dem nackten Boden unter den Gartenhäuschen zur Welt zu bringen, graben die Füchse in der Stadt Zürich auch unter Schuppen zusätzlich immer noch einen Erdbau. Aber auch künstliche Hohlräume werden aufgesucht, wie etwa ein ungenutztes Kellerabteil, welches über ein kaputtes Fenstergitter erreichbar ist (Abb. 43). Orte für die Jungenaufzucht sind in der Stadt nicht so häufig, und wir vermuten, dass es ein wesentlicher Faktor ist, der die Anzahl Füchse in einem Gebiet begrenzt.

72 Stadtfüchse – Ein Wildtier erobert den Siedlungsraum

49

49 Diese beiden Füchse, vermutlich ein Rüde und eine Fähe, hatten sich aus ihrer Sicht einen guten Schlafplatz ausgewählt: einen geschützten Ort mit guter Übersicht. Am Morgen wurden sie jedoch von den Bauarbeitern überrascht und mussten sich für diesen Tag einen neuen Schlafplatz suchen.

Themenkasten 7 — Wie kann ich Stadtfüchse beobachten?

50 Füchse nutzen immer wieder dieselben Wege. Mit der Zeit entstehen so eigentliche Wildwechsel, die bei den Füchsen Pässe genannt werden.

51 Die Stadt ist mit ihren vielen Gebäuden, Mauern und Abschrankungen ein wahres Labyrinth. Füchse kennen ihre Territorien sehr genau und nutzen gezielt Durchschlüpfe und Öffnungen.

52 Erdbaue werden hauptsächlich während der Jungenaufzuchtszeit bewohnt. In Waldgebieten nutzen Füchse dafür oft die von Dachsen gegrabenen Baue. Wenn es sein muss, können Füchse jedoch an geeigneten Stellen auch selbst Baue graben, wie hier in einem Friedhofareal mitten in der Stadt Zürich.

53 Besonders beliebt als Kinderstube sind Gartenhäuschen. Unter diesen kleinen Holzschuppen gibt es meist einen Hohlraum, der von den Menschen nicht genutzt wird und der wettergeschützt und trocken ist. Meist graben Füchse hier auch noch einen Bau in die Erde.

Füchse sind auch im Siedlungsraum meist scheu und vorsichtig. Da sie mehrheitlich in der Nacht unterwegs sind, ist es nicht immer einfach, sie zu beobachten. In Gebieten mit vielen Füchsen verraten jedoch Spuren ihre Anwesenheit und geben uns Hinweise für Beobachtungsorte. Es ist aber wichtig, die Füchse nicht zu stören.

Füchse nutzen immer wieder dieselben schmalen Wege, so genannte Fuchspässe oder Wechsel, wie sie andere Wildtiere auch brauchen. Besonders gut sieht man diese im Winter, wenn Schnee liegt, aber auch im Sommer können sie auf einer Wiese oder in einem Garten sichtbar sein. Sie führen oft entlang eines Zaunes, zu einem Durchgang in einer Hecke oder zu einer Lücke in einer Mauer.

- Beobachten Sie den Fuchswechsel von einer günstigen Stelle aus. Liegt ein offener Komposthaufen in der Nähe des Wechsels, können Sie damit rechnen, dass dieser irgendwann während der Nacht von einem Fuchs besucht wird, der darauf nach Nahrung sucht.
- Im Schnee können Sie oft die frischen, hundeartigen Spuren von Füchsen beobachten. Oder bei nassem Wetter entdecken Sie manchmal Trittsiegel auf dem Fuchspass. Aber aufgepasst, auch Katzen sind gerne auf diesen Wegen unterwegs.

Im Frühling und Frühsommer sind gute Beobachtungen dort möglich, wo Füchse ihre Jungen aufziehen. Es sind dies Fuchsbaue, die in die Erde gegraben sind, aber in der Stadt oft auch Unterschlüpfe, z. B. unter Gartenhäuschen oder in anderen Hohlräumen unter Gebäuden. Herumliegende Beutereste und Gegenstände verraten den Fuchsbau. Jungfüchse spielen gerne mit Knochen, Federn, alten Schuhen, Plastikfetzen usw. Frische Pfotenabdrücke weisen auf die Anwesenheit der Füchse hin.

- Richten Sie sich vor dem Eindämmern mit dem Feldstecher an einem günstigen, geschützten Ort ein. Respektieren Sie, dass Füchse beim Jungenbau ihre Ruhe brauchen. Füchse, die Junge aufziehen, sind sehr vorsichtig und besonders störungsempfindlich. Wenn einer der erwachsenen Füchse mit lauten Rufen warnt, sind Sie zu nah am Bau oder Sie haben sich zu auffällig verhalten und sollten den Ort verlassen.
- Verhalten Sie sich ganz ruhig, wenn die Füchse vor dem Bau erscheinen, denn sie sollen nicht gestört und auch nicht an die Anwesenheit von Menschen gewöhnt werden. Füttern Sie die Füchse auf keinen Fall.

Wo Stadtfüchse den Tag verbringen 75

50

51

52

53

Themenkasten 8

Alltagsgeschichten aus dem Fuchsprojekt

54 «Die Geschichte vom japanischen Schwert»
55 Jungfüchse spielen leidenschaftlich gern und verwenden dabei oft Schuhe und andere Gegenstände, die ihnen die Eltern an den Bau gebracht haben.
56 Ein Fuchs, der einen Gartenhandschuh wegträgt, tappt in eine Fotofalle. In einem Gebiet mit Füchsen lohnt es sich, abends Schuhe und Handschuhe, aber auch Kinderspielsachen und Werkzeug aus dem Garten wegzuräumen.

Der Samurai von Zürich

Eine Begegnung der anderen Art bescherte der Autorin eine Telemetrienacht am Waldrand knapp oberhalb der Stadt. Es war kurz nach Mitternacht, und der beobachtete Fuchs machte gerade ein Schläfchen, wie das regelmäßige Signal aus immer der gleichen Richtung verriet. Während die Fuchsforscherin darauf wartete, dass der Fuchs seine nächtlichen Streifzüge wieder aufnehmen würde, kam ein großer, junger Mann den Weg zum Beobachtungspunkt herauf. Er trug etwas Langes bei sich, was auf den ersten Blick etwas bedrohlich aussah und sich als Samuraischwert entpuppte. Der Mann, dem das Bedrohliche seines Schwertes bewusst war, erklärte, dass er das Prunkstück ein paar Tage zuvor in der Stadt gekauft habe. Aber weil der Keller zu niedrig sei und die Wohnung zu klein, könne er zu Hause das Schwingen mit dem Schwert nicht üben. Und deshalb käme er an den Waldrand, wo er auf einer Waldlichtung endlich sein Schwert durch die Luft sausen lassen wolle.

Fuchs, du hast den Schuh gestohlen, gib ihn wieder her ...
Ein Fuchs in Dachsen ZH klaute 40 Schuhe

Ein diebischer Meister Reinecke holte in einem Wohnquartier sechs Hühner und dann für seine Welpen Stiefel, Turn- und Wanderschuhe zum Spielen.

Tages-Anzeiger, 10. Juni 2006

In einer Zürcher Wohnsiedlung fand der Hauswart bei den Arbeiten im Freien immer wieder einzelne Schuhe. Er wunderte sich schon über diese Funde: hier ein alter Gartenschuh unter dem Gebüsch, dort ein Turnschuh im Hauseingang, und ab und zu eine Sandale oder ein kleiner Gummistiefel in einer Rabatte. Erlaubten sich hier Kinder einen Streich? Schließlich meldeten Anwohner, dass bei ihnen einzelne Schuhe verschwunden seien, die sie zum Auslüften vor die Außentür gestellt hatten. Ein Bericht am Fernsehen über Stadtfüchse brachte den Hauswart schließlich auf die Fährte der Schuhdiebe: Junge Füchse spielen ganz besonders gern mit Schuhen. Oft bringen ihnen die Eltern Schuhe als Spielzeug zum Bau. Nicht selten findet man dort eine ganze Sammlung von verschiedenen Schuhen. Und sobald die Jungfüchse selber auf Erkundungstour gehen, sind interessant riechende Gegenstände wie Schuhe nicht mehr vor ihnen sicher. Der Hauswart löste das Problem ganz einfach: Er stellte vor seiner Wohnungstür eine Kiste auf für die gefundenen Schuhe. Vermisste ein Anwohner wieder einmal einen Schuh,

Wo Stadtfüchse den Tag verbringen　77

54

55

56

6

**Vom Einzelgänger
zum Familientier**

57

Ländliche Einzelgänger

Füchse galten bis in die 1970er Jahre als Einzelgänger, die in Territorien leben und diese gegen Artgenossen verteidigen. Es wurde angenommen, dass sich Füchsinnen (Fähen) und Füchse (Rüden) nur für die Paarung treffen und sich anschließend wieder trennen. Da Füchse kleine Beutetiere wie Mäuse oder andere Kleinsäuger jagen und deshalb, anders als ihre größeren Verwandten, die Wölfe, nicht gemeinsam und kooperativ auf die Jagd gehen, schien ein Sozialleben nicht notwendig. Es war deshalb eine Sensation, als Ende der 1970er Jahre englische Fuchsstudien des Zoologen David Macdonald in Vorstadtgebieten von Oxford zeigten, dass Füchse dort in Familiengruppen mit regen Sozialkontakten lebten.

57 Füchse galten bis in die 1970er Jahre als Einzelgänger, im Gegensatz zu ihren großen Verwandten, den Wölfen, die in Rudeln leben.

58 Zur Nahrungssuche sind Füchse meist alleine unterwegs.

59 Viele Zusammentreffen von Familienmitgliedern verlaufen freundschaftlich, wie diese nächtliche Begrüßung.

60

Städtische Familiengruppen

Bereits zehn Jahre nach der Besiedlung der Stadt Zürich durch Füchse zeigten die Raumdaten der sendermarkierten Füchse, dass sich die Streifgebiete der hier ansässigen Tiere teils stark überlappten, und zwar nicht nur die Streifgebiete von Fähen und Rüden, sondern auch diejenigen von Füchsen gleichen Geschlechts. Bei Beobachtungen an verschiedenen Bauen mit Jungfüchsen stellten wir zudem fest, dass sich oft mehr als zwei erwachsene Füchse bei den Welpen aufhielten.

An einem Bau mit Jungfüchsen fingen wir im Laufe von Markierungsaktionen zwei einjährige Fähen, die selber keine Jungen säugten. Hier musste noch eine dritte Fähe, die Mutter der Jungfüchse, anwesend sein. In einem Friedhofgebiet stellten wir an einem Bau mit Jungfüchsen fest, dass hier neben der säugenden Fähe eine weitere Füchsin den Bau besuchte und dass sich neben einem etwa zweijährigen Rüden auch ein sehr alter Fuchs mit kleinem Aktivitätsgebiet hin und wieder zu den Jungfüchsen gesellte. Die überlappenden Streifgebiete und die Einzelbeobachtungen an den Bauen mit Jungfüchsen zeigen deutlich, dass sich schon kurz nach der Einwanderung der Füchse in die Stadt Familiengruppen etabliert hatten.

60 Ein Rüde bringt Futter zum Jungfuchsbau seiner Familiengruppe.
61 Während der Paarungszeit sind Rüden und Fähen oft zusammen. Hier knabbert ein Rüde freundlich am Ohr einer Fähe.

Sozialstruktur einer Familiengruppe

Die Verhaltensbeobachtungen aus Oxford und später auch aus Bristol zeigten, dass Füchse in Gebieten mit günstigen Bedingungen hohe Dichten erreichen können und sich dann zu Familiengruppen zusammenschließen. Diese Gruppen sind in einem gemeinsamen Territorium unterwegs, welches sie gegenüber fremden Artgenossen verteidigen. Zu einer solchen Familiengruppe gehören in der Regel ein Rüde und eine Fähe, die sich fortpflanzen, sowie weitere erwachsene Füchse, meist Schwestern oder Töchter der reproduzierenden Fähe. Unsere Beobachtungen in Zürich zeigen, dass sich neben dem Vater der Jungtiere auch weitere Rüden im Gebiet aufhalten können. Diese nahen Verwandten einer Familiengruppe sind bei der Jungenaufzucht behilflich und übernehmen eine Art Babysitterfunktion. Selber haben sie meist keinen eigenen Nachwuchs, können aber bei Ausfällen diese Funktion bei nächster Gelegenheit übernehmen.

62 Nicht alle Begegnungen sind freundschaftlich. Hier will ein Jungfuchs mehr Futter und zeigt aggressives Verhalten gegenüber seiner Mutter.

Nächtliche Treffen

Bei der Nahrungssuche sind die Füchse in den meisten Fällen allein unterwegs. Beim Mausen oder Kirschenfressen ist ein Artgenosse wenig hilfreich – anders, als wenn zum Beispiel eine Gruppe Wölfe beim kooperativen Beutefang ihren Jagderfolg steigert. Trotzdem finden während der Nacht immer wieder Begegnungen zwischen den Mitgliedern einer Familiengruppe statt. Untersuchungen im südenglischen Bristol ergaben, dass sich ein Fuchs mit jedem anderen Familiengruppenmitglied durchschnittlich eineinhalb bis zwei Mal pro 24 Stunden trifft, die meisten dieser Treffen sind freundschaftlicher Art. Während des Winters finden Treffen sogar zweieinhalb bis drei Mal pro Nacht statt, und da kann es auch einmal zu Auseinandersetzungen kommen und lauter werden, was damit zusammenhängt, dass dann Paarungszeit ist und zugleich die Zeit, in der ein Teil der Jungfüchse abwandert.

Familiengruppen: ein städtisches Phänomen?

Nachdem die Studien in Oxford die Füchse als soziale Wildtiere beschrieben hatten, wurden in den folgenden Jahren in verschiedenen Lebensräumen Untersuchungen zum Sozialverhalten der Füchse durchgeführt. Dabei stellte man fest, dass Füchse ihre Sozialstruktur den Lebensbedingungen anpassen. Sind gute Nahrungsressourcen vorhanden, können viele Füchse in diesem Gebiet leben, und es kommt zur Bildung von Familiengruppen. Diese haben meist erstaunlich kleine Territorien von wenigen Hektaren Größe, verglichen mit Territorien bei kargen Lebensbedingungen, etwa in den Heidegebieten von Schottland oder auch in alpinen Lebensräumen. Dort sind die Fuchsdichten tief, und die Füchse leben in Paaren, manchmal mit riesigen Territorien von mehreren hundert Hektaren. Familiengruppen sind demzufolge nicht auf Städte beschränkt, sondern können auch in geeigneten ländlichen Gebieten vorkommen, wie später Untersuchungen in Gebieten mit einem großen Nahrungsangebot an Schermäusen auf Weiden im Schweizer Jura gezeigt haben. Familiengruppen in Städten bestätigen also, dass Städte für Füchse einen hervorragenden Lebensraum bieten.

Quellen: 10, 12, 20, 42

Vom Einzelgänger zum Familientier

62

Themenkasten 9: Fuchskommunikation

63 Ein Fuchs duckt sich unterwürfig gegenüber dem dominanten Familienmitglied, zieht den Schwanz ein und legt die Ohren an den Kopf.
64 Füchse setzen oft auf erhöhten Stellen Kot ab, um ihre Präsenz zu markieren.
65 Beim ritualisierten Kampf, auch Kommentkampf genannt, messen Füchse ihre Kräfte, indem sie sich gegen die Brust boxen und laut schreien (keckern). Dabei wird jedoch kein Tier ernsthaft verletzt.

Verständigung mit Stimme, Duft und Körperhaltung

Da der Fuchs wie alle Hundeartigen ein soziales Wesen ist, stehen ihm eine ganze Reihe von Verständigungsmöglichkeiten zur Verfügung. Zur Nachrichtenübermittlung setzt er Fuchsduft und Kotsignale ein. Seine Stimme benutzt er für Verständigung auf Distanz, aber auch im direkten Kontakt mit einem Artgenossen. Für Spiel, Kampf und andere soziale Interaktionen spielen Körperhaltung und Gesichtsausdruck eine wichtige Rolle.

Veilchen und andere Duftnoten

Der typische Fuchsgeruch ist Harn. Mit Harn- und Kotmarkierungen machen Füchse auf ihre Anwesenheit aufmerksam und grenzen so ihr Territorium ab. Über die Rolle weiterer «Duftnoten», die in den Drüsen an Kinn und Kieferbogen, zwischen den Zehen und am Schwanzansatz – wegen ihrem Duft auch «Veilchendrüse» oder «Viola» genannt – entstehen, ist nichts Genaues bekannt. Sicher ist, dass sich die Tiere gegenseitig am Geruch erkennen.

Fuchsrufe

Füchse verfügen über ein Repertoire von mehr als 40 verschiedenen Fuchsrufen. Am bekanntesten ist das dreisilbige Bellen, das oft während der Ranzzeit nicht sehr laut, aber weit hörbar zu vernehmen ist. Rüde und Fähe können sich so lange unterhalten und sich gegenseitig ihren Standort bekannt geben. Ein langgezogenes Jammern ist der Schrei der paarungsbereiten Füchsin. Mit dem Alarmbellen warnen Eltern ihre Jungen vor Gefahr. Neben diesen Rufen nutzen Füchse eine ganze Palette von Knurren, Winseln, Kläffen, Schreien, Keckern und Kreischen für ihre Kommunikation.

Körpersprache

Ebenso wie Hunde kommunizieren die Füchse mit ihrer Körperhaltung und der Bewegung von Ohren und Schwanz. Sie zeigen so ihre Stimmung, ihre Absichten und ihren sozialen Status an und drücken Aggression, Angst, Unterordnung oder Dominanz aus. Dabei setzen sie den ganzen Körper ein: Ein unterwürfiger Fuchs hat eine geduckte und gekrümmte Haltung, die Ohren sind flach angelegt, der Schwanz ist nach unten gerichtet und schlägt hin und her. Ein Fuchs in Spiellaune hat eine aufrechte Körperhaltung, gespitzte Ohren und einen leicht erhobenen Schwanz.

Vom Einzelgänger zum Familientier **87**

63

64

65

Themenkasten 10 | **Ein Fuchsjahr**

66 Die ersten vier Wochen werden die Welpen von der Mutter ausschließlich gesäugt.

67 Jungfüchse sind sehr verspielt. Kaum sind diese drei noch braun gefärbten Jungfüchse vor dem Bau erschienen, sind sie auch schon am Herumbalgen.

68 Bei diesem rund vier Wochen alten Jungfuchs beginnt sich das Fell bereits fuchsrot umzufärben.

Während der Paarungszeit von Dezember bis Februar sind die lauten, heiseren Fuchsrufe zu hören, mit denen Fähen und Rüden miteinander Kontakt aufnehmen. Auch nimmt der Rüde die Düfte, welche die läufige Fähe über den Harn ausscheidet, über mehrere Kilometer Entfernung wahr. Er folgt ihr auf Schritt und Tritt, um sie nicht an einen Rivalen zu verlieren. Befruchtungsfähig ist die Fähe aber nur zwei bis drei Tage. Während dieser aktiven Zeit sind Kämpfe zwischen Rüden häufig, und die Tiere sind oft auch tagsüber unterwegs.

Nach einer Tragzeit von 52 Tagen kommen vier bis sechs blinde Junge zur Welt. Nur gerade 100 Gramm wiegen die neugeborenen Welpen. Sie müssen gesäugt und von der Fähe mit ihrem Fell warm gehalten werden. Beide Elternteile helfen bei der Jungenaufzucht mit. So wird die Fähe normalerweise vom Rüden mit Nahrung versorgt und verlässt den Bau in dieser Zeit kaum. Sobald die Welpen nach vierzehn Tagen ihre Augen öffnen, beginnen die ersten Spiele. Ihre erste feste Nahrung wird ihnen nach vier Wochen von den Eltern gebracht.

Vom Einzelgänger zum Familientier 89

67

68

69 Jungfüchse sind sehr verspielt. Alles, was sie wegzutragen vermögen, kann zum Spielobjekt werden.

70 Mit zunehmendem Alter beginnen die Jungfüchse das Streifgebiet ihrer Familiengruppe zu erkunden und unternehmen, wie diese halbwüchsigen Fuchsgeschwister, bereits größere Touren. Im Herbst und Winter zieht ein Teil der fast ausgewachsenen Füchse aus dem Gebiet ihrer Familiengruppe weg und sucht sich ein neues Territorium.

71 Im Winter ist der Fuchspelz besonders dicht und schön ausgefärbt.

Schon mit fünf bis sieben Wochen sind die Welpen entwöhnt. Langsam zeichnet sich auch die rote Fellfärbung ab. Die Jungfüchse spielen vor dem Bau und beginnen auf immer größeren Streifzügen ihre Umgebung zu erkunden. Sie suchen die erste Nahrung selbst und üben Jagdsprünge. Schon bald begleiten sie die Fähe auf ihre Jagdausflüge. Oft zieht die Fuchsfamilie nach sieben bis acht Wochen um. Gründe dafür können Störungen durch den Menschen sein oder der alte Bau wird zu eng und ist zu stark verschmutzt durch den Kot der Jungen. Mit drei bis vier Monaten sind die Jungfüchse selbständig.

Gegen Herbst verlässt ein Teil der Jungfüchse das elterliche Revier. Die einen verschwinden von einem Tag auf den nächsten. Die anderen unternehmen immer weitere Wanderungen, kommen aber für die Tagesruhe immer noch zum Bau zurück. Bald bleiben sie mehrere Tage fort, bis sie eines Tages nicht mehr zurückkehren.

Das erste Lebensjahr birgt viele Gefahren. Nur jeder dritte Jungfuchs überlebt den ersten Winter und macht sich mit neun bis zehn Monaten seinerseits auf die Suche nach einem Partner.

Vom Einzelgänger zum Familientier 91

70

71

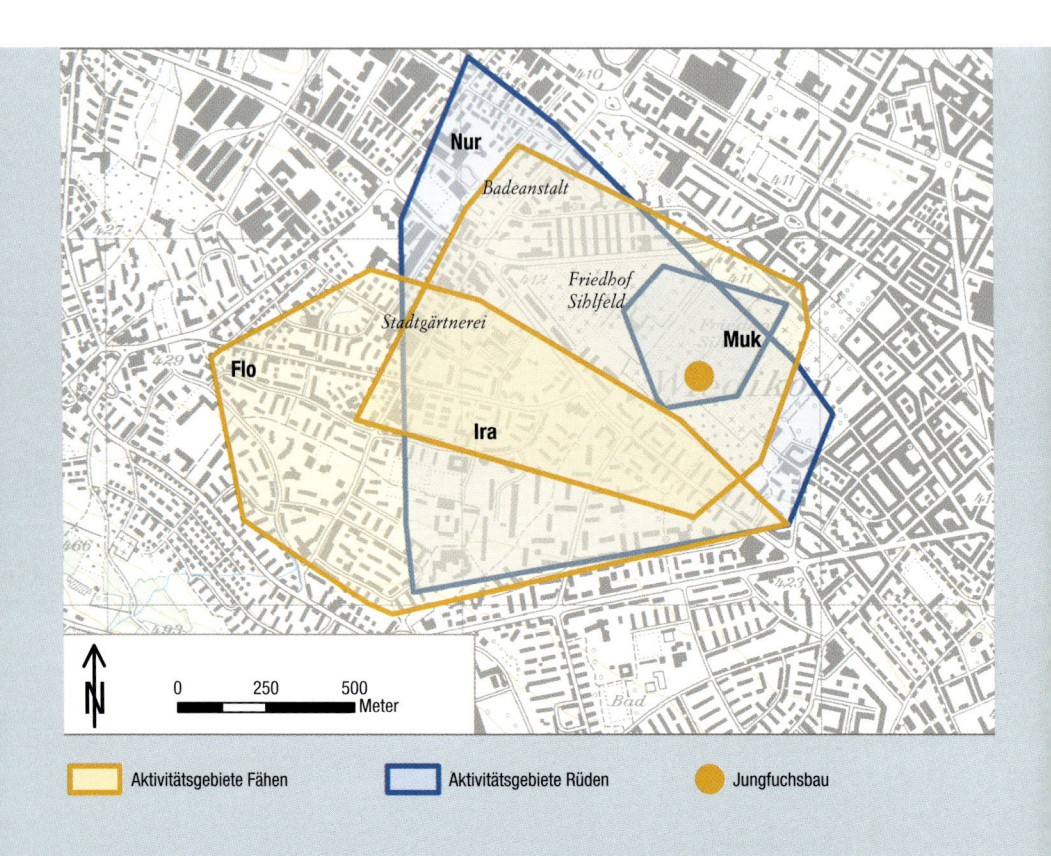

Streifgebiete von zwei Fähen und zwei Rüden einer Familiengruppe im Winter 1998/1999

Das Muttertier, die Fähe Ira, und die beiden Rüden Nur und Muk waren häufig beim Jungfuchsbau, während wir die Fähe Flo nie dort beobachtet haben. Die beiden Fähen Ira und Flo benutzten mehrmals dieselben Schlafplätze. Das Streifgebiet der Familiengruppe umfasste das Friedhofareal und die angrenzenden Schrebergärten und Wohnquartiere.

Die Stadt – ein Schlaraffenland für Füchse?

72

Allesfresser Fuchs

Die langen Eckzähne fallen auf! Wer schon einen gähnenden Fuchs gesehen hat, ahnt, wie gut Füchse zupacken können, wenn sie einer Beute nachstellen. Auch die für diese Gruppe der Raubtiere (Karnivoren) typischen Backenzähne fehlen nicht, mit denen sie Muskelfleisch und Sehnen auftrennen können. Trotzdem – der Fuchs ist kein reiner Fleischfresser. Im Gegenteil: Füchse suchen sich eine abwechslungsreiche Kost zusammen, und meist ist ein Teil ihrer Nahrung pflanzlichen Ursprungs. Dies wird spätestens klar, wenn man sich bei nächster Gelegenheit die oft erhöht abgesetzten, gut sichtbaren Hinterlassenschaften von Füchsen etwas genauer anschaut. In den auf einer Seite spitz zulaufenden Kotballen finden sich häufig ganze Knäuel von Mäusehaaren. Aber mindestens so oft sind darin auch Kirschsteine, Apfelstückchen, Traubenreste und allerlei Sämereien zu sehen.

72 Ein gähnender Fuchs zeigt sein Raubtiergebiss: die markanten Eckzähne, welche zum Festhalten der Beute dienen, und die scharfkantigen, als Reißzähne ausgebildeten Backenzähne.

73 Die Reste im Fuchskot verraten, was der Fuchs gefressen hat: vegetarische Kost wie im ersten und zweiten Beispiel oder Käfer, deren Panzer als glänzende Reste im Kot sichtbar sind, wie im dritten Bild.

74

Jäger und Sammler

Der Fuchs ist in seiner Nahrungswahl ein Opportunist, d.h., dass er je nach Angebot seinen Speiseplan ändert. Nüsse, Beeren, Fallobst oder Aas gehören ebenso ins Repertoire wie erbeutete Mäuse oder gestohlene Hühner und Kaninchen. Bei nassem Wetter «jagen» Füchse sogar gerne und mit großer Ausdauer Regenwürmer: Mit gesenktem Kopf und gespitzten Ohren lauschen sie Richtung Erdreich und schlagen schnell mit ihren Schneidezähnen zu, wenn sich ein Wurm zu weit aus dem Boden wagt. Der Fähigkeit, sich ganz verschiedenen Nahrungssituationen anzupassen, ist einer der Gründe, weshalb der Rotfuchs in den unterschiedlichsten Lebensräumen ein Auskommen findet und heute der am weitesten verbreitete Karnivor überhaupt ist.

Dennoch – Füchse sind hervorragende Mäusejäger. Auch im hohen Gras orten sie dank ihres guten Gehörs das leiseste Rascheln eines unvorsichtigen Nagetiers. Hat sich eine Maus einmal verraten, setzen sie sofort zu einem steilen Sprung an und lassen sich in hohem Bogen auf ihre überraschte Beute fallen. Diese Technik, der so genannte Mäusesprung, ist äußerst effektiv, und ein einzelner Fuchs kann in wenigen Stunden über ein Dutzend Mäuse erbeuten. Vor allem verschiedenen Wühlmausarten wie der Feldmaus und der Schermaus, die häufig ganze Wiesenflächen mit ihren Grabspuren durchziehen, stellt der Rotfuchs eifrig nach. So freuen sich manche mäusegeplagten Bauern, wenn der Fuchs kommt, und drücken auch ein Auge zu, wenn einmal ein Huhn verschwindet.

74 Fressbare Abfälle des Menschen sind weit einfacher zu haben, als Wildtiere wie Tauben oder Mäuse zu erbeuten sind.

Was fressen Füchse im Siedlungsraum?

In der asphaltierten Stadtlandschaft ist mit dem Mäusesprung kaum große Beute zu machen. Aber wovon werden Siedlungsfüchse satt? Eine Untersuchung des Integrierten Fuchsprojektes stellte Nachforschungen an und fand Antworten auf diese Frage. Alle in der Stadt Zürich tot aufgefundenen oder von Wildhütern erlegten Füchse wurden gesammelt und seziert. Die Mageninhalte wurden ausgewaschen und sorgfältig sortiert. In akribischer Kleinarbeit wurden die verschiedenen Nahrungsreste bestimmt. Selbst bei erbeuteten Tieren, die fast vollständig verdaut waren, konnte dank mikroskopischer Analyse gefundener Haare und Federn die Art des Beutetiers bestimmt werden.

Die Liste der gefundenen Nahrungsbestandteile ist lang. Am häufigsten, in rund der Hälfte der Mägen, wurden Früchte gefunden. Reste von Äpfeln und Kirschkerne dominierten. Danach folgten Fleisch- und Knochenreste, die in etwas weniger als der Hälfte der Mägen zu finden waren. Zu dieser Kategorie zählten keine Reste von erbeuteten Tieren, sondern ausschließlich Bestandteile wie Wurst, Fisch oder Knorpel und Knochen von gegartem Geflügel, also alles Reste von Mahlzeiten des Menschen. Mit einem Drittel folgte dann die Kategorie der Rüstabfälle wie Karotten- und Kartoffelschalen. Auch Speisereste, wie Teigwaren, Rösti und Käse, und verschiedene Abfallteile, wie Aluminiumfolie, Schnur und selbst Ballone, wurden in etwas mehr als jedem vierten Magen gefunden. Natürlich wurden in vielen Mägen auch Teile von Nagern festgestellt. Dieser Anteil war jedoch mit einem Viertel deutlich geringer als in vielen vergleichbaren Nahrungsanalysen bei Füchsen aus ländlichen Gebieten. Insgesamt war der Anteil an menschbedingtem Futter weitaus größer als der von Futter

75 Füchse sind effiziente Mausjäger. Mit dem so genannten Mäusesprung erhaschen sie die überraschten Mäuse.
76 Die Schermaus gehört zu den Wühlmäusen und ist eine beliebte Fuchsbeute.

natürlichen Ursprungs. Von dem in allen Mägen gefundenen Nahrungsvolumen stammte etwas mehr als die Hälfte direkt aus dem menschlichen Umfeld. Offenbar schmeckt den Füchsen in den Siedlungsgebieten das, was es dort am meisten hat: nährstoffreiche Abfälle und Futter, das der Mensch seinen Haustieren, aber auch gezielt den Wildtieren im Garten bereitstellt. Hinzu kommt, dass rund ein Fünftel des Nahrungsvolumens kultivierte Früchte und Getreide waren und insofern auch auf menschliche Bearbeitung zurückzuführen ist. Nur etwas weniger als ein Drittel entfiel auf Nahrung, die auch ohne menschliches Zutun zu finden ist. Den Hauptanteil bildeten dabei Mäuse, gefolgt von Wildfrüchten, Wildvögeln, Wirbellosen wie Insekten und Regenwürmern und weiteren Wirbeltieren.

75

76

Die Stadt – ein Schlaraffenland für Füchse? 99

77 Auf ungedeckten Komposthaufen finden Füchse immer wieder große Nahrungsmengen.
78 In Abfallsäcken hat es reichlich Futter. Füchse und andere Tiere wie Katzen, Marder, Igel und Krähen interessieren sich für diese leicht zugängliche Nahrungsquelle.

Nahrung im Überfluss

Eine Fähe, die nach dem Fellwechsel im Frühling ihren dichten Winterpelz verloren hat und bis zu sieben oder acht Welpen säugen muss, kann sehr ausgemergelt aussehen. So ist es nicht verwunderlich, dass sich in dieser Jahreszeit immer wieder Leute nach einer Fuchsbegegnung besorgt bei den zuständigen Behörden melden und wissen wollen, ob die «armen Stadtfüchse» nicht gefüttert werden müssten. Wie die Ergebnisse folgender Untersuchung zeigen, ist die Sorge, dass Stadtfüchse Hunger leiden, mehr als unberechtigt. In der Stadtzürcher Studie wurde erhoben, wie viel Futter für

79

Füchse zugänglich ist, das der Mensch direkt oder indirekt zur Verfügung stellt: Küchenabfälle auf ungeschützten Komposthaufen, der Inhalt von Kehrichtsäcken, die an den Straßenrand gestellt werden, die in Gärten für Füchse erreichbare Beeren- und Obstproduktion, Haustierfutter, zu dem auch Füchse Zugang haben, und die Menge weggeworfener Essensreste auf Gehsteigen, Straßen, Schularealen und in Parks.

Die Ergebnisse sind eindrücklich. Die durchschnittliche Nahrungsenergie, die im Verlauf eines Jahres von einem Haushalt in die Umgebung gelangt, beträgt 234 Megajoule, der jährliche Energiebedarf eines ausgewachsenen Fuchses beträgt rund 880 Megajoule. Damit könnte die jährliche Nahrungsmenge von nur vier Haushaltungen im Durchschnitt ausreichen, um einen Fuchs zu ernähren. Auch die zugängliche Nahrung aus acht Schrebergärten oder die Abfälle auf zehn Hektaren öffentlicher Anlagen reichen aus, um einen Fuchs zu ernähren!

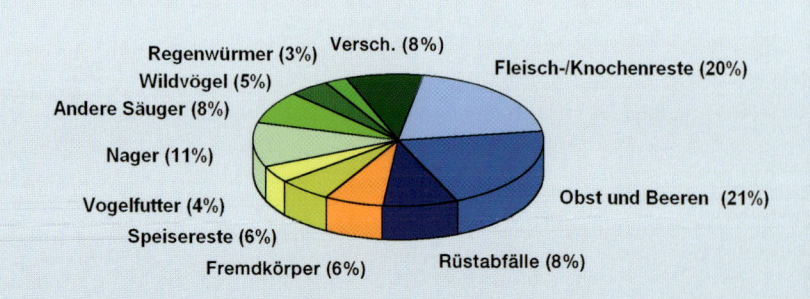

Regenwürmer (3%) Versch. (8%) Fleisch-/Knochenreste (20%)
Wildvögel (5%)
Andere Säuger (8%)
Nager (11%)
Vogelfutter (4%)
Speisereste (6%)
Fremdkörper (6%) Rüstabfälle (8%)
Obst und Beeren (21%)

79 In Schrebergärten finden Siedlungsfüchse viel vegetarische Kost.
80 Mit Analysen der Nahrungsreste aus Fuchsmägen wurde untersucht, was Zürichs Füchse fressen. Nicht immer gestaltete sich die Bestimmung so einfach wie bei diesem Schweizer Appenzellerkäse.

Natürlich sind dies theoretische Werte. Der größte Teil der von den Stadtbewohnern stammenden Nahrung ist in den Kehrichtsäcken enthalten, die an den Straßenrand gestellt werden. Diese Nahrung ist jedoch nicht vollständig für Füchse erreichbar. Aber auch wenn diese Nahrungskategorie nicht mitgerechnet wird, könnten sich allein von den menschbedingten Nahrungsquellen 46 Füchse pro Quadratkilometer ernähren. Punkto Nahrung lässt sich der Siedlungsraum für Füchse also zu Recht als eigentliches Schlaraffenland bezeichnen. Trotzdem – Anfang der 1990er Jahre wurden in der englischen Stadt Bristol zwar Fuchsdichten von über 30 adulten Tieren pro Quadratkilometer ermittelt, aber nie darüber. Gerade die Entwicklung der Fuchspopulation von Bristol zeigt eindrücklich, dass diesem Schlaraffenland Grenzen gesetzt sind und Fuchsbestände nicht unbeschränkt weiterwachsen. Von diesen Grenzen des Wachstums wird Kapitel 12 berichten.

Verteilung der Nahrungszusammensetzung von Füchsen in der Stadt
Die Analysen der Mageninhalte von Füchsen aus der Stadt Zürich haben ergeben, dass über zwei Drittel der Fuchsnahrung direkt oder indirekt von menschbedingten Quellen stammen. Die beiden Nahrungskategorien mit dem größten Volumenanteil an der Nahrung waren Obst und Beeren aus Gärten (z. B. Äpfel und Kirschen) sowie Fleisch und Knochenreste (z. B. Pouletknochen und -knorpel, Speckschwarten usw.).

Themenkasten 11: Probleme mit hungrigen Füchsen?

81 Der Igel ist durch sein Stachelkleid gut geschützt.
82 Ein Fuchs wartet hinter einer Katze, bis sie fertig gefressen hat. Vielleicht bleiben ein paar Reste für ihn übrig.
83 Zwei Katzen und ein Fuchs zeigen, getrennt nur durch eine Fensterscheibe, neugierig Interesse aneinander.

Muss ich meine Katze vor hungrigen Füchsen schützen?

Füchse und Katzen begegnen sich im Siedlungsraum häufig. Meistens schenken sie sich kaum Beachtung. Für einen Fuchs ist eine Katze mit ihren scharfen Krallen und spitzen Zähnen eine zu wehrhafte Beute. Im Siedlungsraum, wo Füchse einfach Futter finden, ist ein Angriff auf eine Katze ein unnötiges Risiko. Es kann vorkommen, dass ein übermütiger Fuchs eine Katze zum Spiel auffordert oder dass eine Katze einen Fuchs in die Flucht schlägt, indem sie einen Buckel macht und ihn anfaucht. Nur in außergewöhnlichen Situationen kann es vorkommen, dass Füchse versuchen, eine unerfahrene, wenige Wochen alte Jungkatze oder eine durch Krankheit oder Unfall geschwächte Katze zu erbeuten. Solche Katzen sollten deshalb die Nacht im Haus verbringen.

Werden Igel von Füchsen gefressen?

Der Fuchs gilt als besonders schlau. So wird berichtet, dass Füchse auf eingerollte Igel urinieren, damit diese ihre schützende Stachelkugel öffnen und damit zur leichten Beute werden. Diese Geschichte stammt aus der Fabelwelt. Bei den Stadtzürcher Fuchsmagenanalysen wurden zwar vereinzelt Igelstacheln gefunden, was aber eher darauf zurückzuführen ist, dass Füchse die Überreste verendeter Tiere fressen. Ein gesunder Igel kann von einem Dachs erbeutet werden, nicht aber von einem Fuchs, und so sind im Siedlungsraum oft gleichzeitig Füchse und Igel in hohen Dichten zu finden.

Wie kann ich meine Haustiere schützen?

Hausgeflügel, aber auch Kaninchen und Meerschweinchen sind für Füchse eine attraktive Beute. Vor allem im Frühjahr, wenn die Jungtiere im Bau nach viel Futter verlangen, versuchen die erwachsenen Füchse größere Tiere zu erbeuten, die sie zu ihren Jungen zurücktragen können. Deshalb müssen diese Haustiere auch tagsüber durch ein gedecktes Gehege oder einen zwei Meter hohen Zaun geschützt werden, der mit Elektrodrähten gesichert ist. Damit auch Marder nicht eindringen können, dürfen die Maschen nicht größer sein als drei Zentimeter. Die Umzäunung sollte etwa einen halben Meter in den Boden eingegraben werden. Der Stall, der die Haustiere beherbergt, muss in der Nacht zur Sicherheit gut verschlossen werden.

81

Plündert der Fuchs meinen Abfallsack?

Viele Abfälle sind für Füchse, aber auch andere Tiere, eine attraktive Nahrung. Immer wieder findet sich in einzelnen Straßenabschnitten der weit zerstreute Abfall zerschlissener Abfallsäcke. Füchse, aber auch Katzen, Marder, Krähen und Igel werden von den Düften angezogen, die der ins Freie gestellte Kehricht verströmt. Einzelne Tiere lernen, wie sie die Plastiksäcke aufreißen können, und wenden dann ihr Können eifrig an. Deshalb sollten Abfallsäcke erst am Morgen des Kehrichtabfuhrtages auf die Straße gestellt oder in verschließbaren Containern gelagert werden.

82

83

Themenkasten 12 | Unerwarteter Besuch vom Land

Von Kuno von Wattenwyl und Andreas Ryser

84 Turo, ein stattlicher Luchskuder, in seinem vertrauten Lebensraum in der waldigen, ländlichen Region des Zürcher Oberlandes.

Die beiden Forscher sitzen im Auto und warten. Ihr Wagen ist nahe beim Bahnhof Stadelhofen mitten im Zentrum von Zürich parkiert. Es ist morgens gegen drei Uhr. Auf der sonst verkehrsreichen Straße ist es ruhig.

Plötzlich fällt ein Fuchs auf der gegenüber liegenden Straßenseite von der hohen Mauer, die den Park einer Villa von der Straße trennt, landet auf dem Gehsteig und bleibt kurz benommen liegen, humpelt dann über die Straße und verschwindet zwischen den Häusern. Ein zweiter Fuchs rennt jetzt auf derselben Mauer aufgeregt hin und her, und ein dritter bellt irgendwo hinter der Mauer, im Park der Villa. Was ist passiert? Die beiden Biologen steigen aus dem Auto und zünden mit ihren Lampen in Richtung des Geschehens. Aus dem Gestrüpp hinter der Mauer leuchten ihnen zwei Augen entgegen. Sie gehören Turo, einem frei lebenden Luchs, der in dieser Nacht durch die Straßen von Zürich zieht.

Ein Wiederansiedlungsprojekt für Luchse in der Nordostschweiz

Turo stammt aus dem Berner Jura und wurde 2003 im Rahmen des Projektes LUNO (Luchsumsiedlung Nordostschweiz) eingefangen. Ziel des Projektes ist es, in der Ostschweiz eine selbständig lebensfähige Population aufzubauen. Turo soll zum Erreichen dieses Zieles beitragen und mit weiteren in die Ostschweiz umgesiedelten Luchsinnen für Nachkommen sorgen. Alle im Projekt LUNO umgesiedelten Luchse sind mit einem Halsbandsender ausgerüstet. Dadurch ist das Lokalisieren der Tiere möglich. Nach seiner Freilassung im Tössstockgebiet im Zürcher Oberland hält es Turo nicht lange in seiner neuen Heimat. Er beginnt zu ziehen und befindet sich schon bald in der Nähe der Stadt Zürich.

Kurz nach den fallenden und bellenden Füchsen und den leuchtenden Augen taucht auch Turo auf der Mauer des Villenparks auf. Er scheint die Lage zu überblicken, verschwindet kurz und springt dann über den Zaun, der den Villenpark gegen den Bahnhof Stadelhofen abtrennt. Wie es Kinder im Kindergarten lernen, bleibt er vor dem Überqueren der Straße auf dem Gehsteig stehen, schaut nach links und nach rechts und läuft erst dann auf die andere Straßenseite.

Die Stadt – ein Schlaraffenland für Füchse?

85 Die Mauer rechts im Bild trennt einen Villenpark von einer Straße in der Nähe des zentral gelegenen Zürcher Bahnhofs Stadelhofen. Hier hat der unerwartete Besuch vom Land unter den Stadtfüchsen einige Aufregung ausgelöst.

86 Turo beim Überqueren einer Straße mitten in Zürich, aufgenommen von einer Kamera des Schweizer Fernsehens.

Luchse sind typische Waldbewohner

Luchse leben in der Schweiz hauptsächlich in Wäldern zwischen dem Flachland und dem Hochgebirge. Dort finden sie ihre Nahrung, die bis zu 95 Prozent aus Rehen und Gämsen besteht. In einer Stadt wie Zürich haben sie also nichts zu suchen. Einzig die Tatsache, dass Luchse auch eine Woche ohne Nahrung überleben können und dass ihr dritthäufigstes Beutetier der Fuchs ist, zeigt, dass sie das Potenzial haben, sich mindestens vorübergehend in einer Stadt aufzuhalten.

Nach der Straßenüberquerung verschwindet Turo zwischen den Häusern. Die beiden Biologen folgen ihm. Plötzlich sehen sie Turo auf einem Gehsteig. Er geht ruhig, biegt in einen Hauseingang ein, taucht wieder auf und schaut dann überraschend in ein Schaufenster, obwohl dort weder Rehe noch Gämsen noch Füchse, sondern Fernsehapparate ausgestellt sind.

Im Gegensatz zu Füchsen, die ausgesprochene Nahrungsopportunisten sind, zählen Luchse zu den so genannten Nahrungsspezialisten. Sie ernähren sich fast ausschließlich von selbst gejagten Beutetieren, von deren Fleisch sie in einer Nacht bis zu fünf Kilo fressen können. Mit Früchten und Gemüse auf Komposthaufen oder Pizzaresten in Abfallsäcken können sie also nichts anfangen.

Ausflüge in die Stadt

Turo hält sich zwei Tage in Zürich auf, verschläft die Tagesstunden in Gärten von Häusern, deren Bewohner nichts vom ungewöhnlichen Gast ahnen. Danach verbringt Turo ein paar Tage in ländlicheren Gebieten und kehrt dann ein zweites Mal nach Zürich zurück. Tagsüber hält er sich im Zürichbergwald auf und wandert in der Nacht noch zwei, drei Male in die Stadt. Einmal kann sogar ein Kamerateam des Schweizer Fernsehens, das die Biologen auf einer ihrer nächtlichen Verfolgungstouren begleitet, Turo auf Bildern festhalten (siehe Abbildung 86). Nach einem halben Jahr verlässt Turo das Stadtgebiet und kehrt zum Tössstock zurück. Dort trifft er auf ein Weibchen, das bereits in der Ostschweiz geboren ist. Mit ihm hat er Junge und scheint im Augenblick die Zürcher Stadtfüchse vergessen zu haben.

Die Stadt – ein Schlaraffenland für Füchse?   107

85

86

8

Unterscheiden sich Stadt- und Landfüchse?

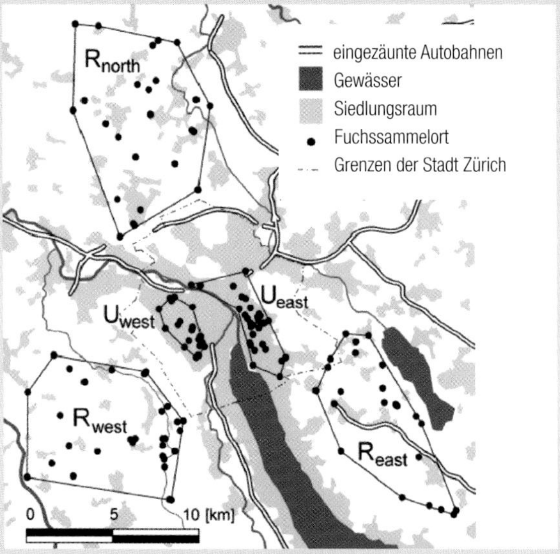
R north
eingezäunte Autobahnen
Gewässer
Siedlungsraum
Fuchssammelort
Grenzen der Stadt Zürich
U west
U east
R west
R east
0
5
10 [km]

Stadtfüchse und Landfüchse sind Rotfüchse

Sowohl Stadtfüchse als auch Landfüchse gehören der einzigen in Europa vorkommenden Fuchsart an: den Rotfüchsen, mit lateinischem Namen Vulpes vulpes. Trotzdem scheinen sich Füchse in ländlichen Gebieten in ihrem Verhalten stark von den in Städten heimischen zu unterscheiden. Landfüchse sind sehr scheu und meiden die Nähe des Menschen. Füchse im Siedlungsraum dagegen haben sich an die Gegenwart der Menschen gewöhnt. Zwar sind auch Stadtfüchse mehrheitlich nachtaktiv und weichen direkten Begegnungen mit Menschen aus. Aber wie die Wahl der Tagesruheplätze zeigt, können Füchse im Siedlungsraum den Tag an den erstaunlichsten Orten verbringen, auch dort, wo in unmittelbarer Nähe tagsüber viel Betrieb herrscht. Wie aber kam es dazu, dass Füchse ihre Scheu überwanden und den Siedlungsraum zu erobern begannen?

Die Proben für genetische Untersuchungen wurden in drei ländlichen (R_{west}, R_{north}, R_{east}) und zwei städtischen Gebieten (U_{west}, U_{east}) gesammelt. Jeder Punkt repräsentiert einen Fuchs, von welchem eine Gewebeprobe entnommen wurde. Die beiden städtischen Gebiete sind durch den Zürichsee und den Fluss Limmat getrennt (Quelle 41).

87

88

Um der Antwort auf die Frage, wie die Besiedlung des neuen Lebensraums Stadt vor sich ging, auf die Spur zu kommen, stehen heute molekulare Methoden zur Verfügung: Anhand von Vergleichen des Erbgutes (DNS) von Tieren aus verschiedenen Lebensräumen können Aussagen über ihre Herkunft und die Nähe ihrer Verwandtschaft gemacht werden. Im Rahmen des Integrierten Fuchsprojekts untersuchte der Berner Biologe Peter Wandeler am Londoner Institute of Zoology das Erbgut von Stadtfüchsen aus Zürich und verglich es mit demjenigen von Füchsen aus der angrenzenden ländlichen Umgebung.

87 Stadtfüchse sind an den Menschen gewöhnt und suchen ungestörte Orte zum Schlafen auf, auch wenn dort tagsüber in unmittelbarer Nähe viel Betrieb herrscht.

88 Füchse auf dem Land sind scheuer als ihre städtischen Artgenossen und weichen dem Menschen aus.

89 Die städtische Umgebung ist Jungfüchsen, die in Wohnquartieren aufwachsen, vertraut. Sie erschließen sich dadurch Lebensraum und Nahrungsquellen an Orten, die den scheueren Landfüchsen verwehrt bleiben.

89

Der Biologe als Detektiv

Das Verfahren, welches in solchen Fällen zur Anwendung kommt, ist die Mikrosatellitendiagnostik. Aus Blut oder Gewebe wird die DNS isoliert. Die Untersuchung beschränkt sich auf bestimmte kurze Bereiche der DNS, die so genannten Mikrosatelliten. Diese Bereiche sind oft so variabel, dass jedes Tier ein eigenes genetisches Muster aufweist (Genetischer Fingerabdruck). Werden nun die gleichen Mikrosatelliten von verschiedenen Tieren verglichen, lässt sich anhand der unterschiedlichen individuellen genetischen Variabilität errechnen, wie nahe bzw. wie entfernt Individuen miteinander verwandt sind (siehe Grafik S. 113).

90 Eingezäunte Autobahnen und Flüsse, wie hier die Limmat in der Stadt Zürich, bilden Grenzen, die von Füchsen nicht ohne Weiteres überquert werden.

Die Proben für die genetischen Analysen der Stadtzürcher Füchse wurden während der Feldarbeiten des Integrierten Fuchsprojekts gesammelt. Von jedem Fuchs, den wir fingen, haben wir einige ausgezupfte Haare und kleine Hautreste, die beim Anbringen von Ohrmarken anfallen, zur späteren genetischen Analyse aufgehoben. Weitere Proben erhielten wir von Füchsen, die während des Projekts von den Wildhütern geschossen wurden oder die bei Verkehrsunfällen umkamen.

Die Stadt Zürich wird durch den Fluss Limmat und den Zürichsee in zwei etwa gleich große Flächen geteilt. Wir achteten darauf, dass aus beiden Stadtteilen gleich viele Proben stammten. So konnten wir auch die Verwandtschaft von Füchsen aus den beiden Stadtteilen vergleichen, was deshalb von Interesse war, weil diese beiden Gewässer eine natürliche Barriere bilden, die, so vermuteten wir, nur selten von Füchsen überwunden wird.

Für den Vergleich von Stadt- mit Landfüchsen erhielt das Integrierte Fuchsprojekt dank der ansässigen Jagdgesellschaften Proben von Füchsen aus drei Gemeinden, die im Umkreis von 20 Kilometern von der Stadt Zürich liegen.

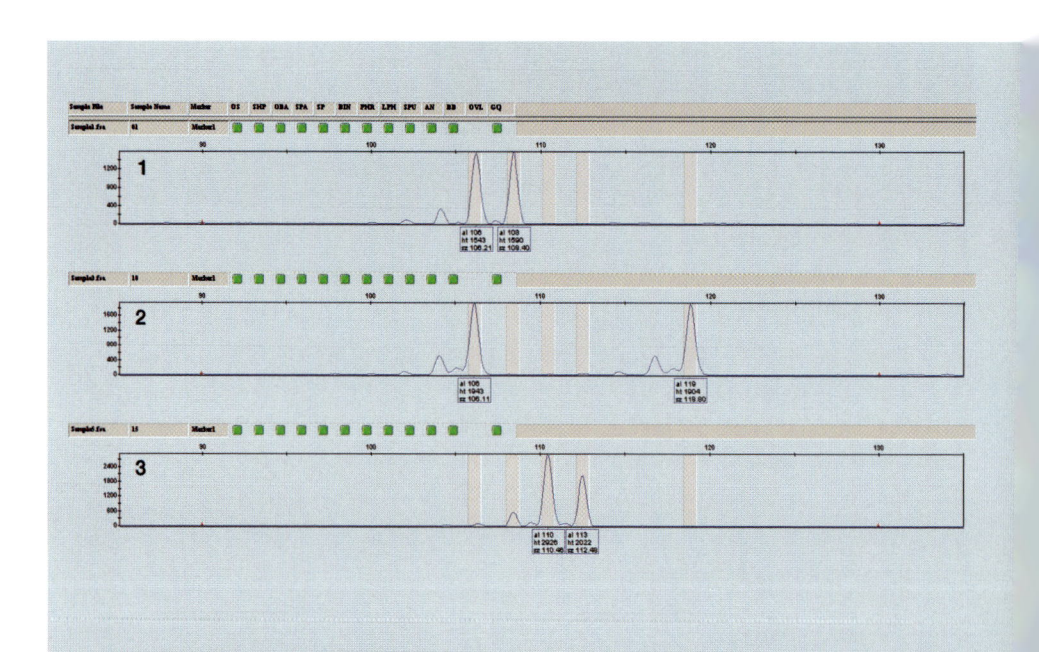

Unterscheiden sich Stadt- und Landfüchse? **115**

90

Das genetische Material (DNS) von Füchsen wird bezüglich der Mikrosatelliten analysiert. Das Diagramm zeigt das Resultat (Elektropherogramm) der Analyse eines Mikrosatelliten für drei Füchse (1: Fuchs 1; 2: Fuchs 2; 3: Fuchs 3). Diese Analyse zeigt, dass Fuchs 1 näher mit Fuchs 2 als mit Fuchs 3 verwandt ist, da Fuchs 1 und Fuchs 2 ein identisches Allel haben (al 106). Der genaue Verwandtschaftsgrad wird durch die Analyse weiterer Mikrosatelliten definiert.

Stadtfüchse und Landfüchse im Vergleich

Die Ergebnisse der genetischen Untersuchungen waren überraschend und gaben spannende Hinweise auf die Besiedlungsgeschichte der Stadt Zürich durch die Füchse. Es ergaben sich klare Unterschiede zwischen den Füchsen aus der Stadt und ihren ländlichen Artgenossen. Stadtfüchse auf der nördlichen und südlichen Seite der Limmat waren mit ihren direkten ländlichen Nachbarn weniger nahe verwandt als die Landfüchse untereinander. Dieses Resultat zeigt, dass der genetische Austausch zwischen den Füchsen der drei ländlichen Gebiete größer war als zwischen Füchsen von ländlichen Gebieten und der Stadt, und dies, obwohl die Distanz zwischen den ländlichen Untersuchungsgebieten viel größer ist als die Distanz zwischen den ländlichen Gebieten und dem angrenzenden Stadtraum. Erstaunlicherweise war aber der Austausch zwischen den beiden Stadtgebieten am geringsten. Fluss und See mit der Innenstadt bilden also eine wirkungsvolle – wenn auch sicher nicht absolute – Barriere für Füchse.

Wenige Gründertiere besiedelten die Stadt

Alle Resultate weisen darauf hin, dass die Stadt nicht durch eine ständige Einwanderung von Landfüchsen besiedelt wurde. Vielmehr dürften die heutigen Füchse in den städtischen Gebieten Zürichs auf nur wenige Gründertiere zurückzuführen sein, welche entsprechend nur einen Teil der gesamten ländlichen genetischen Vielfalt mit in die Stadt gebracht haben. Das zeigte sich bei der genetischen Variabilität, die bei den Stadtfüchsen geringer war als bei ihren Artgenossen auf dem Land. Dies könnte auch das beobachtete Muster erklären, dass die Städte in der Schweiz innerhalb von 15 Jahren zu unterschiedlichen Zeiten besiedelt wurden, ohne dass dies aufgrund der Lebensräume erklärbar wäre: wenn die Besiedlung spontan von einer kleinen Gruppe von Gründertieren erfolgt, dann erscheint das in der langjährigen Übersicht wie ein zufälliger Prozess.

Die beobachteten genetischen Unterschiede zwischen Füchsen der beiden Stadtteile weisen zudem darauf hin, dass die beiden Stadtteile unabhängig voneinander besiedelt worden sind. Zurzeit der Untersuchung waren die Abwanderung von Jungfüchsen aus der Stadt und der damit verbundene genetische Austausch höher als erwartet. Ein Hinweis darauf, dass bei hohen Populationsdichten mehr Füchse aus der Stadt auswandern als neue vom Land in die Stadt einwandern. Und doch ist eine geringe

Einwanderung weiterhin nachweisbar, Stadt- und Landpopulationen sind also nicht völlig voneinander isoliert. Es ist deshalb nicht auszuschließen, dass sich die aufgezeigten genetischen Unterschiede zwischen Stadt -und Landfüchsen mit der Zeit verwischen werden.

Mutige Pioniere

Was brachte die Gründertiere dazu, in neues, noch unbesiedeltes Gebiet vorzudringen? Und wie schafften sie es, sich im neuen Lebensraum zurechtzufinden? Antworten bleiben Spekulation. Bekannt ist einzig, dass sich Mitte der 1980er Jahre die Fuchsbestände in ländlichen Gebieten dank der erfolgreichen Immunisierung gegen die Tollwut wieder zu erholen begannen. In den folgenden Herbst- und Wintermonaten wanderten erstmals wieder viel mehr Jungfüchse aus den Gebieten ihrer Eltern aus als während der Tollwutepidemie und machten sich auf die Suche nach freien Territorien.

Vermutlich waren es einzelne besonders neugierige Tiere, vielleicht aus stadtnahen Gebieten, welche sich bereits an die Gegenwart des Menschen gewöhnt hatten, die sich in die Wohnsiedlungen der Stadt vorwagten. Einmal dort angekommen, profitierten sie vom Futterangebot, das im Siedlungsraum im Überfluss vorhanden ist. Ihre Jungen waren bereits von Beginn weg daran gewöhnt, dass sich Menschen in ihrer Nähe aufhielten. So konnte die Anzahl Füchse in diesem neuen Lebensraum in wenigen Jahren rasch ansteigen, und noch bevor die Bevölkerung dies wahrgenommen hatte, bewohnten Füchse bereits fast alle Stadtquartiere.

Städter «aus Tradition»

Die Nachkommen von Füchsen, die bereits in der Stadt aufgewachsen sind, haben vermutlich gegenüber neu einwandernden Tieren einen Konkurrenzvorteil: Sie kennen den städtischen Lebensraum von jung auf, und ihr Verhalten ist an die städtische Situation angepasst. Erste Rückmeldungen von Jungfüchsen, die in der Stadt markiert wurden und dann bei der Auswanderung wiederum Siedlungsgebiet aufgesucht haben, lassen vermuten, dass Jungfüchse auf der Suche nach einem eigenen Territorium eher innerhalb des vertrauten Lebensraumtyps bleiben. Junge Landfüchse bleiben eher in ländlichen Gebieten und junge Stadtfüchse in der Stadt: Durch Tradition wird also die Siedlungsraumgrenze zu einer «kulturellen» Grenze.

Quelle: 41

Themenkasten 13 | **Füchse und ihre Verwandtschaft**

91 Das rotbraun gefärbte Fell gibt dem Rotfuchs *(Vulpes vulpes)* seinen Namen. Doch die Fellfärbung kann je nach Jahreszeit und Individuum sehr unterschiedlich ausgeprägt sein: Es gibt auch sandfarbene und moorbraune Rotfüchse.

92 Der Fennek *(Vulpes zerda)* oder Wüstenfuchs ist der kleinste Vertreter der Gattung *Vulpes*. Er kommt in der Sahara und den angrenzenden Gebieten sowie in Teilen Arabiens und der Sinai-Halbinsel vor.

93 Der Polarfuchs oder Eisfuchs *(Alopex lagopus)* ist kein eigentlicher Fuchs, sondern ein arktischer Wildhund. Sein Verbreitungsgebiet liegt nördlich des Polarkreises. In Europa kommt er in Skandinavien, Island und auf Spitzbergen vor.

Klasse: Säugetiere *(Mammalia)*
Ordnung: Raubtiere *(Carnivora)*
Familie: Hundeartige *(Canidae)*
Gattung: Fuchs *(Vulpes)*
Art: Rotfuchs *(Vulpes vulpes)*

Der Rotfuchs gehört zu den Raubtieren. Raubtierarten haben ein typisches Raubtiergebiss mit langen, gebogenen Eckzähnen (Reißzähnen), und die meisten sind Fleischfresser. Aus einem gemeinsamen Vorfahren sind vor rund 50 Millionen Jahren sieben Familien hervorgegangen. Vier davon sind in Europa vertreten: die Katzen *(Felidae)*, die Marder *(Mustelidae)*, die Großbären *(Ursidae)* und die Hundeartigen *(Canidae)*. Der Rotfuchs gehört zur Familie der Hundeartigen und weist alle für diese Familie typischen Merkmale auf: einen stark verlängerten Gesichtsschädel, große Stehohren, einen langen buschigen Schwanz und stumpfe Krallen. Der Rotfuchs *(Vulpes vulpes)* ist eine von weltweit elf Arten der Gattung *Vulpes* und ihr größter und schwerster Vertreter (Schulterhöhe 35–45 Zentimeter, durchschnittliches Gewicht fünf bis neun Kilo). Zwei weitere Arten sind der Kitfuchs *(Vulpes velox)*, der in Nordamerika trockene Gebiete bewohnt, und der Wüstenfuchs Fennek *(Vulpes zerda)*, der in Nordafrika und Teilen Arabiens und der Sinai-Halbinsel lebt.

Rotfüchse weisen eine typische rötlichbraune Fellfärbung auf. Gleichzeitig zeigen sie aber auch einige auffällige Farbvarianten. Entsprechend werden sie als Brand-, Kohl-, Moor-, Birk- oder Gelbfuchs bezeichnet. In der Literatur werden über 40 Unterarten beschrieben, die aber vom äußeren Erscheinungsbild her kaum unterschieden werden können.

Erstaunlich ist die Ähnlichkeit des Rotfuchses mit der Katze, was das Verhalten anbelangt. So klettert der Rotfuchs bedeutend besser als andere Hundeartige und zeigt mit seiner langsamen Pirschjagd und dem Mäusesprung das gleiche Jagdverhalten wie Katzen. Seine Pupillenschlitze sind senkrecht, und seine Krallen kann er teilweise einziehen. Füchse und Katzen gehören zwar anderen Familien an, haben aber im Laufe der Evolution eine ähnliche Entwicklung durchgemacht, weil sie sich auf dieselbe Aufgabe spezialisiert haben: auf das Jagen von kleinen Nagetieren.

Unterscheiden sich Stadt- und Landfüchse? 119

91

92

93

9 Der Kleine Fuchsbandwurm

⊢———————⊣ 1 mm

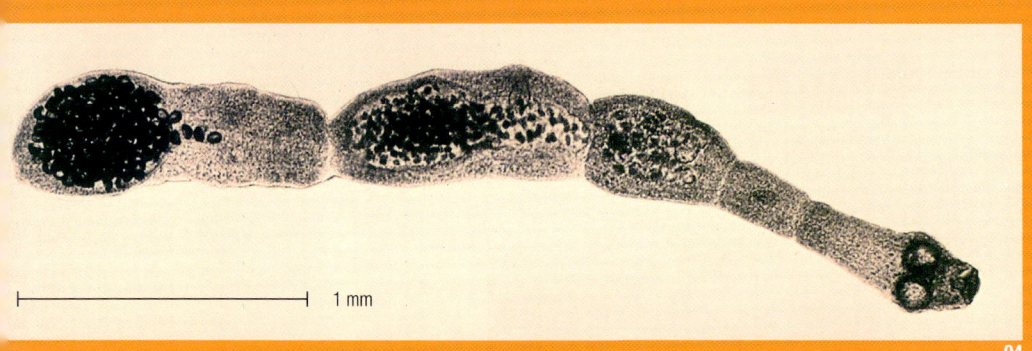

94

Der Kleine Fuchsbandwurm ist ein Parasit, der vorwiegend in Füchsen und Mäusen lebt. In seltenen Fällen kann er aber auch den Menschen befallen und dabei eine schwere Lebererkrankung bewirken. Mit dem Vordringen der Füchse in unsere Siedlungen und Gärten, so die Sorge, steigt möglicherweise das Risiko für den Menschen, an diesem vom Fuchs übertragenen Parasiten zu erkranken. Sind diese Ängste berechtigt? Falls ja, was kann man gegen die Gefahr einer Erkrankung durch den Fuchsbandwurm unternehmen?

94 Der Kleine Fuchsbandwurm ist nur zwei bis vier Millimeter lang und lebt im Dünndarm von Rotfüchsen.

Lebenszyklus des Kleinen Fuchsbandwurms: ein «Fuchs-und-Maus-Spiel»

Wie der Name sagt, gehört der Fuchsbandwurm (*Echinococcus multilocularis*) zur Klasse der Bandwürmer, ist jedoch mit ein bis vier Millimeter Länge ein kleiner Vertreter dieser Verwandtschaftsgruppe. Als geschlechtsreifer Bandwurm lebt der Kleine Fuchsbandwurm in verschiedenen Fleisch fressenden Tieren. In Mitteleuropa sind dies vor allem Rotfüchse. Im Dünndarm der infizierten Tiere schnürt der Bandwurm einzelne Endglieder ab, die jeweils mit einigen hundert, mikroskopisch kleinen, infektiösen Eiern gefüllt sind. Diese werden zusammen mit dem Fuchskot ausgeschieden.

Damit sich der kleine Fuchsbandwurm von einem Fuchs zum nächsten übertragen kann, ist er wie alle Bandwürmer auf Zwischenwirte angewiesen. In der Regel sind dies kleine Nagetiere, welche die Eier über verunreinigte Nahrung oder Erdreich aufnehmen. In deren Darm schlüpfen kleine Larven, welche die Darmschleimhaut durchdringen und über den Blutweg in die Leber gelangen. Dort entwickeln sie sich zu einem Larvalstadium, welches die Kopfanlagen neuer Bandwürmer ausbildet. Erbeutet ein Fuchs eine infizierte Maus in diesem Stadium, schließt sich der Kreislauf: Im Fuchsdarm entwickeln sich innert vier Wochen erneut ausgewachsene Bandwürmer.

In Mitteleuropa ist der kleine Fuchsbandwurm bei Füchsen häufig, in vielen Gebieten tragen 10 bis 40 Prozent diesen Parasiten und gebietsweise sind über 60 Prozent der Tiere befallen. Diese Darminfektionen verursachen bei Füchsen kaum je Symptome. Bei den Zwischenwirten führt die Krankheit zu einem fortschreitenden Verlust der Leberfunktionen, was innerhalb von Monaten zum Tod der Tiere führt, wenn die befallenen Tiere nicht vorher Beute von Mäusejägern werden. Meist ist nur ein sehr geringer Anteil der Population infiziert. Zwischenwirte sind in unseren Breitengraden hauptsächlich verschiedene Wühlmäuse, besonders die Scher- und die Feldmaus.

Die Alveoläre Echinococcose – eine ernsthafte Lebererkrankung

Gefürchtet ist der Kleine Fuchsbandwurm vor allem, weil er in seltenen Fällen den Menschen befallen kann. Nimmt der Mensch versehentlich Eier des Parasiten auf, kann sich – ähnlich wie in den Mäusen – das Larvengewebe ausbilden und so eine schwere Lebererkrankung auslösen: die Alveoläre Echinococcose. Dabei wächst der Parasit langsam und über Jahre unbemerkt meist in der Leber des Menschen. Erst fünf bis fünfzehn Jahre nach einer Ansteckung machen sich die ersten, unspezifischen Symptome wie Appetitlosigkeit oder diffuse Oberbauchschmerzen bemerkbar. Ohne Behandlung führte die fortschreitende Krankheit früher innerhalb von zehn bis fünfzehn Jahren nach der Diagnose zum Tod. Heute ist sie dank medizinischer Fortschritte chirurgisch und medikamentös behandelbar. Bei etwa der Hälfte der Patienten kann das Parasitengewebe operativ komplett entfernt werden, wodurch eine vollständige Heilung möglich ist. Im fortgeschrittenen Stadium lässt sich das weitere Voranschreiten der Krankheit mit Medikamenten eindämmen. Dies bedingt aber meist eine über Jahrzehnte dauernde Behandlung.

Geringes Risiko der Ansteckung

Das Risiko, sich mit dem Fuchsbandwurm anzustecken, ist sehr klein. In der Schweiz werden pro Jahr zwei bis vier Neuerkrankungen pro Million Einwohnerinnen und Einwohner registriert. Für eine Ansteckung müssen die infektiösen Eier des Kleinen Fuchsbandwurms über den Mund aufgenommen werden. Es gibt Hinweise, dass sich der Mensch nach Aufnahme von Fuchsbandwurm-Eiern nicht zwangsläufig ansteckt und eine Erkrankung dank seinem Immunsystem erfolgreich abwehren kann. Im Einzelfall lässt sich nach der langen Inkubationszeit kaum mehr eruieren, weshalb ein Patient an Alveolärer Echinococcose erkrankt ist.

Verschiedene Risikostudien weisen darauf hin, dass Leute, die in der Landwirtschaft tätig sind, einem erhöhten Risiko ausgesetzt sind. Auch die Haltung von Hunden erhöht das Risiko. Denn Hunde, die mausen, können sich wie der Fuchs am Kleinen Fuchsbandwurm anstecken und darauf ebenfalls Eier dieses Parasiten ausscheiden. In Einzelfällen können auch Katzen wenige Fuchsbandwurm-Eier ausscheiden; bei Katzen entwickeln sich die Bandwürmer aber viel schlechter als bei Hunden.

Der Kleine Fuchsbandwurm im Siedlungsraum

Untersuchungen am Institut für Parasitologie der Universität Zürich haben gezeigt, dass zusammen mit den Füchsen auch der Fuchsbandwurm im Siedlungsraum Einzug gehalten hat. In Genf und Zürich waren gut 40 Prozent der Füchse und zwischen sieben und neun Prozent der Schermäuse vom Kleinen Fuchsbandwurm befallen.

Interessanterweise fiel in beiden Städten die Befallsrate der Füchse gegen das Stadtzentrum hin deutlich ab. Der Grund dafür zeigten die Nahrungsanalysen bei Füchsen in Zürich. Füchse am Stadtrand erbeuten häufiger als im Stadtzentrum Wühlmäuse, die Zwischenwirte des Fuchsbandwurms sind. Im Stadtzentrum hingegen ist ein Großteil der Nahrung Abfall, und Wühlmäuse sind nur selten in Fuchsmägen zu finden. Von Abfall zu leben schützt also Füchse in der City vor einer Fuchsbandwurm-Infektion. Der Überschneidungsbereich von Stadt und Land bietet jedoch ein reiches mensch-bedingtes Futterangebot und führt zu einer hohen Fuchsdichte. Gleichzeitig eignen sich die großen Wiesenflächen für Wühlmäuse. Damit wird der Stadtrand für den Kleinen Fuchsbandwurm zum geeigneten Lebensraum.

Soll man Füchse entwurmen?

Füchse und damit der Fuchsbandwurm haben sich fest im Siedlungsraum etabliert. Diese Entwicklung lässt sich nicht einfach rückgängig machen. Damit ist heute durch zusätzliche Kontakte mit Kot von Siedlungsfüchsen ein höheres Risiko für die Alveoläre Echinococcose gegeben als vor dieser Entwicklung. Nach wie vor ist die Wahrscheinlichkeit einer Erkrankung jedoch sehr klein. Im Sinne des Vorsorgeprinzips wird zurzeit erforscht, ob in gewissen Stadtrandgebieten, wo sich hohe Fuchsdichten und gute Standorte für Wühlmäuse überschneiden, sinnvolle und machbare Maßnahmen ergreifen lassen.

Ein in ländlichen Gebieten Deutschlands bereits getestetes Verfahren ist die Entwurmung von Füchsen. Dazu werden, ähnlich wie bei der

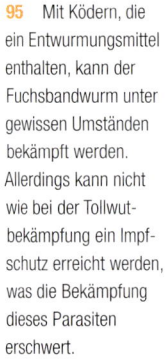

95 Mit Ködern, die ein Entwurmungsmittel enthalten, kann der Fuchsbandwurm unter gewissen Umständen bekämpft werden. Allerdings kann nicht wie bei der Tollwutbekämpfung ein Impfschutz erreicht werden, was die Bekämpfung dieses Parasiten erschwert.

96 Mit Fotofallen wurde untersucht, welche Tierarten im Siedlungsraum Entwurmungsköder fressen.

97 Meist haben Füchse die ausgelegten Köder gefressen (im Bild leuchtet der Köder, der mit einer Reflexfolie markiert war, im Blitzlicht der Fotofalle auf). Aber auch Hunde, Igel, Mäuse und Schnecken interessierten sich für die Köder.

98 Die Schermaus ist ein bedeutender Zwischenwirt des Kleinen Fuchsbandwurms. Wie die Feldmaus, der andere wichtige Zwischenwirt in unseren Breiten, lebt sie auf größeren Wiesenflächen.

Tollwutimpfung, Köder mit dem entsprechenden Medikament für Füchse ausgebracht. Dieses verleiht jedoch keinen Impfschutz, sondern tötet einfach die Fuchsbandwürmer ab. Sobald der Fuchs wieder eine infizierte Maus erwischt, steckt er sich erneut an. Zudem ist aufgrund der langen Überlebensdauer der Fuchsbandwurm-Eier in der Umwelt, des Überdauerns des Parasiten in den Zwischenwirten und der beschränkten Erreichbarkeit aller Füchse mit Ködern eine großflächige und anhaltende Ausrottung des Parasiten nicht realistisch. Möglicherweise ist aber eine Strategie sinnvoll, die den Infektionsdruck gezielt in begrenzten Gebieten mit stark erhöhtem Risiko senken kann.

Eine Feldstudie zur Bekämpfung des Fuchsbandwurms im Siedlungsraum

In einer Feldstudie in Zürich wurden im Stadtrandbereich auf eng umgrenzten Flächen von ein bis sechs Quadratkilometer Größe monatlich Entwurmungsköder ausgelegt. Die Studie ergab, dass die Befallsrate bei Füchsen auf drei bis vierzehn Prozent des ursprünglichen Niveaus gesenkt werden kann. Nach zwei Jahren waren auch die Mäuse weniger häufig befallen als vor der Köderauslage, was den verringerten Infektionsdruck mit Fuchsbandwurm-Eiern ausweist.

Die Studie hat gezeigt, dass eine Behandlung von Siedlungsfüchsen gegen Fuchsbandwurm mittels Köder möglich ist und dadurch die Befallsrate bei Füchsen und Mäusen deutlich sinkt. Eine solche Maßnahme bedeutet aber einen großen Aufwand und kann den Infektionsdruck nicht auf null senken. Zudem muss eine Wildtierpopulation mit Medikamenten behandelt werden, ein Vorgehen, das grundsätzliche Fragen aufwirft. Ob das Entwurmen von Füchsen durchgeführt werden soll, bleibt letztlich ein gesellschaftlicher und ein politischer Entscheid.

Quellen: 10, 11, 13, 22, 23, 24, 27

Lebenszyklus des Kleinen Fuchsbandwurms und mögliche Vorsichtsmaßnahmen

Themenkasten 14

Der Kleine Fuchsbandwurm **1** lebt im Dünndarm des Fuchses. Mit dem Kot gelangen seine Eier **2** in die Umwelt. In den Zwischenwirten, in der Regel in verschiedenen Nagetieren **3**, entwickeln sich aus den Eiern die Larven des Parasiten, die wiederum von mausenden Füchsen aufgenommen werden. In seltenen Fällen können sich auch mausende Hunde **4** und Katzen **5**, oder Menschen **6** durch die Aufnahme von Fuchsbandwurm-Eiern anstecken. Beim Mensch kann eine Ansteckung zu einer schweren Lebererkrankung, der Alveolären Echinococcose, führen.

Der Mensch kann sich mit dem Fuchsbandwurm infizieren, wenn er Bandwurmeier, zum Beispiel über verunreinigte Nahrung oder Hände, zu sich nimmt. Folgende Vorsichtsmaßnahmen sind zu empfehlen:

- Rohgemüse und Früchte immer gründlich waschen. (Bei abgekochten Nahrungsmitteln besteht keine Infektionsgefahr, hingegen tötet Tiefgefrieren bei −20° C die Eier des Fuchsbandwurms nicht ab.)
- Mausende Hunde regelmäßig mit einem wirksamen Medikament gegen den Fuchsbandwurm behandeln.
- Nach Kontakt mit Hunden regelmäßig Hände waschen. (Infizierte Hunde können Fuchsbandwurm-Eier auf dem Fell tragen. Zudem wälzen sich viele Hunde in Fuchskot.)
- Fuchskot im Garten mit umgestülptem Plastiksack einsammeln und mit dem Hauskehricht entsorgen, nicht auf den Kompost werfen oder vergraben.
- Füchse nicht füttern.

Personen, die vermuten, mit Eiern des Kleinen Fuchsbandwurms in Kontakt gekommen zu sein, können über den Hausarzt eine Blutuntersuchung durchführen lassen.

Quelle: 13

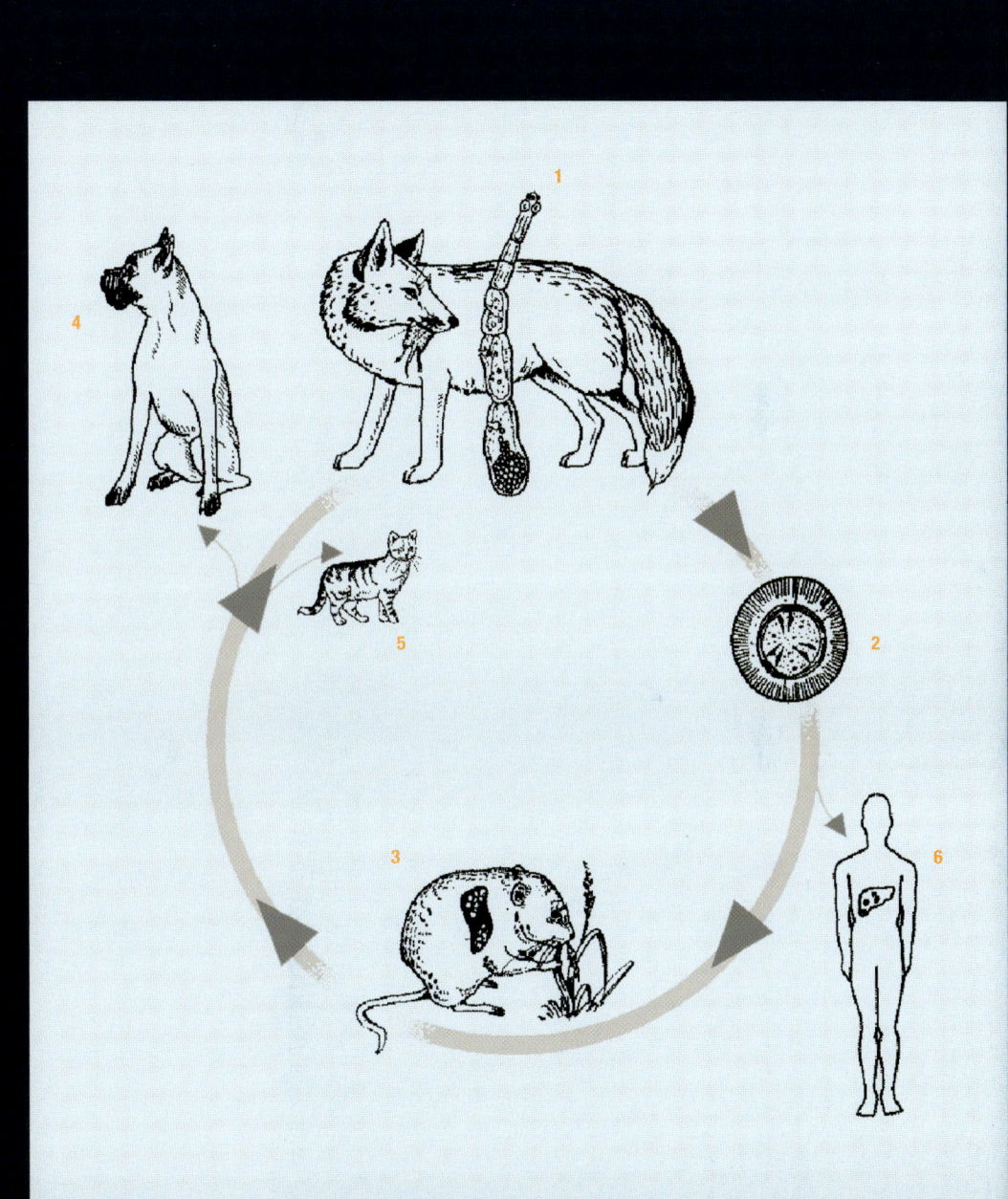

Der Kleine Fuchsbandwurm   129

Themenkasten 15 | **Der Kleine Fuchsbandwurm im Siedlungsraum**

Schematische Darstellung von Faktoren, welche die Dynamik des Kleinen Fuchsbandwurms im Siedlungsraum bestimmen: (a) Mit der zunehmenden Bevölkerungsdichte Richtung Stadtzentrum steigt das Angebot an menschlichen Nahrungsquellen (Abfälle usw.). (b) Dieses reiche Angebot ermöglicht hohe Fuchsdichten. (c) Bei hoher Fuchsdichte haben die einzelnen Füchse kleine Streifgebiete, und junge Füchse wandern weniger weit ab. Entsprechend läuft die räumliche Dynamik des Fuchsbandwurms auch auf kleinerem Raum. (d) Die als Zwischenwirte bedeutsamen Scher- und Feldmäuse sind auf Wiesenflächen angewiesen, weshalb sie vor allem am Stadtrand verbreitet sind. (e) Füchse wählen ihre Nahrung je nach Angebot. In zentraleren Stadtteilen, wo weniger Nager vorkommen, weichen sie auf menschliche Futterquellen aus. (f) Im Grenzraum zwischen ländlicher und urbaner Zone, wo sich hohe Fuchsdichten mit guten Lebensräumen für Wühlmäuse überschneiden, gelangen am meisten infektiöse Fuchsbandwurm-Eier in die Umwelt, was möglicherweise ein erhöhtes Infektionsrisiko für Alveoläre Echinococcose darstellt (Quelle 11).

Wald	Landwirtschaft & Naherholung	Stadtrandzone	Stadtzentrum

(a) Bevölkerungsdichte und menschbedingtes Nahrungsangebot:

(b) Fuchsdichte:

(c) Größe der Fuchs-Streifgebiete, Abwanderungsdistanzen von Jungfüchsen und räumliche Dynamik des Fuchsbandwurms:

(d) Häufigkeit von Zwischenwirten des Fuchsbandwurms:

(e) Intensität Mäusejagd von Füchsen:

(f) Häufigkeit von Fuchsbandwurm-Eiern in der Umwelt:

Von Menschen und Füchsen

99

Eine Hotline für Fragen rund um Füchse

Füchse im Siedlungsraum – in nächster Nähe zu Menschen und ihren Haustieren – bedeuten für manche Bewohnerinnen und Bewohner der Städte eine Herausforderung. Das Auftauchen eines größeren Raubtiers in unmittelbarer Nachbarschaft erstaunt und verunsichert und gibt Anlass zu vielen Fragen. Wir eröffneten deshalb zu Beginn der Forschungsarbeiten eine Telefonlinie für die Bevölkerung der Stadt Zürich: das Fuchstelefon.

Die Anlaufstelle Fuchstelefon wurde zur wichtigen Informationsdrehscheibe. Auf der einen Seite konnten wir viele Fragen zu Füchsen beantworten und mit sachlichen Informationen falschem Verhalten und unnötigen Ängsten entgegenwirken. Auf der anderen Seite meldeten uns Anwohner versteckte Jungenbaue und gut frequentierte Fuchspässe in ihren Privatgärten, die wir selber nie gefunden hätten. So kamen wir zu unseren besten Fallenstandorten, wo wir die Füchse für unsere Telemetriestudien fangen konnten.

Viele Leute riefen uns an, weil sie sich bezüglich übertragbarer Krankheiten wie des Kleinen Fuchsbandwurms oder über Tollwut informieren wollten. Häufig wollten die Leute aber auch einfach nur ihre Meinung über Stadtfüchse äußern: Die einen waren verärgert, dass die Stadt nicht energischer durchgreife und diese wilden Tiere aus der Stadt vertreibe, die anderen waren entsetzt über die städtischen Wildhüter, die Fallen stellen und «ihre» Quartierfüchse schießen.

99 Eine Hotline in der Stadt Zürich gab Auskunft zu Fragen rund um Stadtfüchse und beriet bei Problemen oder Ängsten.

100 Begegnung in einem Park im Zentrum Londons. Eine Umfrage ergab, dass 80 Prozent der Londonerinnen und Londoner positiv gegenüber Stadtfüchsen eingestellt sind.

100

101 Füchse, die von klein auf gefüttert werden und an die Nähe des Menschen gewöhnt sind, werden halbzahm, wie dieser Fuchs in der Stadt St. Gallen. Da diese halbzahmen Füchse aufdringlich werden und auch einmal zuschnappen können, müssen sie geschossen werden.

102 Füchse halten sich oft in Schrebergartenarealen auf. Schrebergärtnerinnen und -gärtner sind im Allgemeinen über diese Mitbenutzer ihrer Gärten nicht erfreut: 70 Prozent äußerten sich in der Stadt Zürich negativ über Stadtfüchse.

Kontroverse Meinungen zu den Füchsen im Siedlungsraum

Einen Eindruck darüber, was die Leute über Stadtfüchse denken, gibt eine internationale Umfrage, welche wir im Rahmen eines europäischen Projekts im Jahr 2004 durchführten: 35 Prozent der befragten Schweizerinnen und Schweizer fanden es gut, dass Füchse in Städten leben, gefolgt von den Befragten in Deutschland (34 Prozent), Frankreich (31 Prozent) und Tschechien (15 Prozent). Nur wenige hatten keine Meinung dazu, und in allen vier Ländern äußerte sich die Mehrheit der Bevölkerung negativ gegenüber Stadtfüchsen.

101

Fuchsfreunde sind meistens junge Städter

Detailliertere Ergebnisse für die Schweiz liefern nebst der europäischen Studie zwei weitere Umfragen zum Thema «Stadtfüchse»: In einer gesamtschweizerischen Erhebung im Januar 1998 wurden Schweizerinnen und Schweizer telefonisch zum Thema Fuchs befragt, und in einem Zürcher Stadtquartier wurde eine ausführliche schriftliche Befragung bei der Wohnbevölkerung und bei den Schrebergärtnern und -gärtnerinnen durchgeführt.

Gemäß der nationalen Befragung waren 40 Prozent der Bevölkerung gegenüber Stadtfüchsen positiv eingestellt, was durch das Ergebnis der europäischen Studie bestätigt wird. Eine positive Einstellung gegenüber Stadtfüchsen war bei Männern häufiger als bei Frauen, in kleinen Haushalten häufiger als in großen und ebenfalls häufiger unter jungen Leuten und in größeren Ortschaften als bei Älteren und in der Landbevölkerung. Die Mehrheit der Bevölkerung sprach sich aber gegen Stadtfüchse aus.

103 Unter dieser Scheune in St. Gallen, einem Überbleibsel aus ländlicherer Zeit, wohnte eine Fuchsfamilie mit ihren Welpen. Sie wurde zur Attraktion im Quartier.

Anders sah die Situation dagegen im untersuchten Zürcher Stadtteil aus, einem Quartier, in welchem 75 Prozent der Bewohnerinnen und Bewohner schon einmal einem Fuchs begegnet waren: Hier war eine knappe Mehrheit von 52 Prozent der Leute positiv eingestellt, 8 Prozent hatten keine Meinung, und nur 40 Prozent sprachen sich gegen Stadtfüchse aus. Die Anwesenheit von Füchsen in der eigenen Nachbarschaft führt also nicht zwangsläufig zu einer negativen Einstellung. Offenbar haben sich hier schon viele Leute an den neuen Stadtbewohner gewöhnt. Noch deutlicher als in der Stadt Zürich sieht die Situation in London aus, wo sehr viele Stadtfüchse leben: Hier sind nach einer Umfrage der Mammal Society (Säugtierkundlichen Gesellschaft) im Jahr 2001 80 Prozent der Bevölkerung positiv gegenüber Stadtfüchsen eingestellt. Ein Grund dafür mag sein, dass es in Großbritannien bereits seit über 50 Jahren Stadtfüchse gibt. Weiter kommt hinzu, dass es auf den Britischen Inseln weder die Tollwut noch den Fuchsbandwurm gibt.

Schäden im eigenen Garten und Befürchtungen im Zusammenhang mit übertragbaren Krankheiten können hingegen zu einer ablehnenden Haltung führen. So nahmen die befragten Schrebergärtner in Zürich mit 70 Prozent am deutlichsten eine negative Haltung gegenüber Stadtfüchsen ein. Auch Personen, die in ihrem Haushalt mit Kindern zusammenleben, beurteilen die Präsenz von Siedlungsfüchsen häufiger negativ. Die Sorge um die Kinder scheint die Haltung gegenüber Siedlungsfüchsen stark zu beeinflussen.

Die Einstellung hinter der Meinung

Welche grundsätzliche Einstellung steht hinter der jeweiligen Meinung über Stadtfüchse? Die Erfahrungen der Projektmitarbeiterinnen und -mitarbeiter und den Wildhütern der Stadt Zürich zeigen, dass die Meinung der Bevölkerung auch in den einzelnen Wohnquartieren oftmals stark polarisiert ist: Während die einen nachdrücklich den Abschuss der Füchse fordern, setzen sich andere Bewohner vehement für die Füchse ein. Wie kommt es zu diesen unterschiedlichen Haltungen?

Eine sozialwissenschaftliche Studie zu den grundsätzlichen Einstellungen der Einwohnerinnen und Einwohner der Stadt Zürich gegenüber Stadtfüchsen gibt darüber Auskunft. Anhand von Intensivinterviews mit ausgewählten Personen, die sich unterschiedlich zu Stadtfüchsen geäußert

103

hatten, konnten vier grundsätzliche Typen herauskristallisiert: 1) die Stadtfuchsgegner und -gegnerinnen, 2) die Stadtfuchsfreundinnen und -freunde, 3) die Ambivalenten, 4) die Gleichgültigen. Die Einstellung von realen Personen entspricht nicht immer exakt einem Grundtypus, häufig aber kann sie als Mischung verschiedener Grundtypen identifiziert werden.

1) Die Stadtfuchsgegner

> «Ich habe ein bisschen Mühe mit der Grundeinstellung von diesen Leuten, die den Fuchs einfach salonfähig machen wollen für die Stadt. Weil der Fuchs gehört in den Wald. Wir haben ja Fuchsbaue oben im Wald. Es sind super Fuchsbaue. Und dort hinauf gehört er, oder.»
>
> Herr M., 53-jährig, Polizeibeamter

Die Haltung der Stadtfuchsgegner ist geprägt durch ein Konzept der natürlichen Ordnung in der belebten Welt. In dieser Ordnung steht jedem Lebewesen ein für ihn typischer, «natürlicher» Lebensraum zu. Bei den Füchsen ist dies der Wald. Die Stadt, die urbane Zivilisation, ist der Lebensraum der Menschen. Das Naturverständnis der Stadtfuchsgegner und -gegnerinnen orientiert sich an der menschlichen Dominanz innerhalb der natürlichen Ordnung. Sie neigen dazu, den Abschuss von Füchsen im Siedlungsraum zu begrüßen, um die natürliche Ordnung wieder herzustellen.

2) Die Stadtfuchsfreunde und -freundinnen

Auch die Stadtfuchsfreunde und -freundinnen orten den natürlichen Lebensraum des Fuchses im Wald. Im Gegensatz zu den Stadtfuchsgegnern haben sie jedoch ein Naturverständnis, das sich an einem Leben im Einklang mit der Natur orientiert. Sie sind der Ansicht, dass Füchse entweder durch den Abfall in die Stadt gelockt werden oder dass sie vom Menschen aus ihrem natürlichen Lebensraum in die Stadt verdrängt werden. Letzteres erregt ihr Mitleid und kann dazu führen, dass sie Füchse füttern. Stadtfuchsfreunde können ökologische oder soziale Motive haben:

Die ökologisch Motivierten

«Ja, der Fuchs. Ich entdecke bei mir selber diese Ambivalenz. Eines Teils findet man es toll. Und andererseits merkt man, dass das irgendetwas ist, das nicht stimmt. Es ist ja irgendwodurch schon verrückt.»

Frau K., 63-jährig, Grafikerin

Die ökologisch motivierten Stadtfuchsfreundinnen und -freunde freuen sich grundsätzlich über das Naturerlebnis, welches ihnen die Füchse im Siedlungsraum bieten, denken aber gleichzeitig, dass dies ein Zeichen unserer degenerierten Gesellschaft sei.

Die sozial Motivierten

«Ich bin lieber da und warte, bis der Fuchs kommt. Dann habe ich richtig Freude, wenn er da gewesen ist und ich ihm etwas habe erzählen können. Und er hört mir zu. Dann habe ich mehr Freude, als je nachdem, wo ich sonst gewesen bin mit jemandem zusammen.»

Frau A., 59-jährig, Telefonistin

Die sozial motivierten Stadtfuchsfreunde und -freundinnen sind oft allein und manchmal von den Menschen enttäuscht. Sie sind fasziniert vom Wilden, vom Anderen in ihrer Umgebung. Sie stellen zu Füchsen eine persönliche Beziehung her, indem sie einzelne Tiere erkennen und ihnen einen Namen geben. Wenn sie «ihren» Fuchs füttern, nehmen sie direkt Kontakt auf mit ihm, durch die intensive Beziehung verlieren Mensch und Tier die Scheu voreinander.

3) Die Ambivalenten

«Hm, dass es schöne Tiere sind. Dass sie mich faszinieren und dass wir Freude hatten, als wir sie gesehen haben, dass wir Füchse da gehabt haben, aber auch Angst, vor allem wegen dem Fuchsbandwurm.»

Frau E., 48-jährig, Hausfrau

Die Ambivalenten vermögen sich zwischen den beiden grundlegenden Positionen der Ablehnung und der Befürwortung nicht definitiv zu entscheiden und stehen dem Stadtfuchs mit Ambivalenz gegenüber. Sie neigen dazu, den Menschen dafür verantwortlich zu machen, dass der Fuchs «in die Stadt abgedrängt» wird, und stehen deshalb den Füchsen eher positiv gegenüber. Anderseits sind sie zu Stadtfüchsen wegen der nachteiligen Folgen für die Menschen wie Unordnung oder Gefahr einer Ansteckung mit übertragbaren Krankheiten gleichzeitig auch negativ eingestellt. Die Ambivalenten versuchen, sich mit der Anwesenheit von Füchsen im urbanen Raum zu arrangieren, und verfolgen vorwiegend eine Strategie der Konflikt- und Risikominimierung.

4) Die Gleichgültigen

«Ich habe keine konkrete Meinung zu Stadtfüchsen. Sie sind einfach da, so ist das halt.»

Herr S., 55-jährig, Gestalter

Die Gleichgültigen haben sich zum Thema Stadtfüchse keine Meinung gemacht und stehen der Einwanderung des Fuchses in der Stadt mit Indifferenz gegenüber.

Fuchskontroversen im Wohnquartier

Eine Fuchsfamilie, die sich in einem Garten eingerichtet hat, frisch gegrabene Löcher, ausgerissene Setzlinge im Pflanzgarten, Fuchskot auf dem Rasen, oder ein Fuchs, der aufdringlich wird und zubeißt. Eine Fuchsfreundin, die regelmäßig «ihren» Fuchs füttert, und Nachbarn mit Kleinkindern, welche sich wegen des Fuchsbandwurms Sorgen machen und die Füchse geschossen haben wollen.

Es ist keine einfache Aufgabe für die Zuständigen in den Gemeinden – in der Stadt Zürich drei professionelle Wildhüter – in den oft polarisierten Situationen zu vermitteln und Lösungen zu finden, zumal es an Patentrezepten fehlt. Abschüsse lösen Probleme mit Füchsen nur in gewissen Fällen und meist nur für kurze Zeit, denn schnell sind entstandene Lücken in der Fuchspopulation durch Füchse derselben Familiengruppe oder durch Einwanderung in die frei gewordenen Territorien wieder aufgefüllt.

INFOX: Kommunikation für ein konfliktarmes Zusammenleben mit Siedlungsfüchsen

Ziel der Kommunikationskampagne INFOX des Integrierten Fuchsprojekts war, Wege für ein konfliktarmes Zusammenleben von Menschen und Füchsen aufzuzeigen. Durch aktive und regelmäßige Medienarbeit konnten wir mit spannenden Neuigkeiten aus dem Forschungsprojekt und gleichzeitig sachlichen Informationen unsachgemäßer Berichterstattung zuvorkommen und übertriebene Angstreaktionen vermeiden. Ausstellungen und Kulturveranstaltungen halfen, das Thema und seine Hintergründe in weiten Teilen der Bevölkerung bekannt zu machen.

Als wichtigste Voraussetzung zur Lösung von Problemen haben sich spezifische Informationen für die verschiedenen Zielgruppen erwiesen. Dazu haben wir spezielle Instrumente entwickelt: Die Palette reicht von Informationsveranstaltungen in Quartieren über eine ausführliche Ratgeber-Broschüre mit Hintergrundinformationen und praktischen Lösungen bei Problemen mit Siedlungsfüchsen, bis zu Unterlagen für Hausverwaltungen oder Beratungen von Gemeindebehörden. Inzwischen setzen verschiedene Städte der Schweiz auf die Information der Bevölkerung als eine wichtige Grundlage des Managements von Füchsen im Siedlungsgebiet.

Unsere Erfahrungen zeigen zudem, dass bei akuten Konflikten oder Ängsten ein direkter Kontakt der zuständigen Stellen mit den Betroffenen der einzige Weg ist, um Lösungen zu finden. Oft werden erst im direkten Gespräch die genauen Probleme und deren Hintergründe klar, und es können gemeinsam individuelle Lösungswege diskutiert oder Maßnahmen ergriffen werden.

Quellen: 5, 6, 8

Themenkasten 16 | Füchse nicht füttern!

104 Werden Füchse gefüttert, verlieren sie ihre natürliche Scheu. Sie können dreist werden und auch einmal zuschnappen, wenn sie das geforderte Futter nicht erhalten.
105 Eine zu große Nähe von Fuchs und Mensch ist auch aus hygienischen und gesundheitlichen Gründen nicht zu begrüßen.
106 Der Fuchs ist ein Wildtier, auch wenn er im Siedlungsraum lebt. Wir sollten dies akzeptieren. Mit Geduld und etwas Glück lassen sich diese faszinierenden Tiere auch auf Distanz beobachten. Entdecken Sie den Stadtfuchs?

Eine unliebsame Begegnung

Frau S., eine ältere Dame aus einem Zürcher Stadtquartier, rief beim Fuchstelefon an. Sie hatte uns früher schon kontaktiert und ein Fuchsversteck in ihrem Garten gemeldet. Frau S. freute sich über Füchse, das Erlebnis, von dem sie uns dann aber erzählte, gab ihr doch zu denken.

Sie war am späteren Abend vom Theater nach Hause gekommen. Als sie die Haustür aufschließen wollte, bemerkte sie einen Fuchs, der sich ihr langsam näherte. Frau S. klatschte in die Hände und rief dem Fuchs laut zu, er solle verschwinden. Der Fuchs reagierte nicht. Als er bis auf wenige Meter herangekommen war, schwenkte sie ihm ihre Handtasche entgegen und versuchte, ihn damit zu verscheuchen. Der Fuchs aber sprang auf sie zu und biss kurz in die Handtasche. Nach einigem Hin und Her gelang es Frau S. dann doch, die Haustür zu öffnen, den dreisten Fuchs draußen stehen zu lassen und ins Haus zu schlüpfen.

Zahme Füchse werden geschossen

Frei lebende Füchse sind scheu und meiden den direkten Kontakt zu Menschen. In den letzten Jahren trat jedoch immer häufiger ein neues Phänomen auf: Es wurden Füchse gemeldet, die ihre natürliche Scheu verloren hatten. Sie liefen in Wohnungen hinein, ließen sich kaum aus Gärten vertreiben, und in Einzelfällen bissen sie sogar auch mal zu.

Bei diesen Tieren handelt es sich um Füchse, die aus falsch verstandener Tierliebe gefüttert und damit halbzahm gemacht wurden. Diese halbzahmen Füchse führen immer wieder zu Konflikten. Aufgrund der Erfahrungen in vielen Städten setzte sich die Erkenntnis durch, dass solche «Problemfüchse» geschossen werden müssen. Wer Füchse füttert, erweist diesen Tieren also einen Bärendienst. Füchse sind Wildtiere und keine Haustiere. Sie finden sich auch ohne die Hilfe des Menschen im Siedlungsraum gut zurecht. Deshalb: Füchse nicht füttern und nicht zähmen!

104

106 105

Themenkasten 17 — **Füchse in Mythen, Fabeln und Geschichten**

107 In der zauberhaften Geschichte von Astrid Lindgren wird ein Fuchs vom Hunger in ein Dorf getrieben. Der Zwerg Tomte bringt dem Fuchs einen Topf mit Brei und verhindert dadurch, dass der Fuchs ein Huhn stiehlt. In Städten müssen Füchse auch im Winter nicht Hunger leiden, da es Nahrung in Form von Abfall im Überfluss gibt.

Der Fuchs hat mit seinen außergewöhnlichen Fähigkeiten die Menschen seit je beeindruckt und in allen Kulturen eine wichtige Rolle in Mythen und Erzählungen eingenommen. Die erste Fuchsfabel stammt aus der Antike von Äsop. In einer lateinischen Verserzählung aus dem Jahre 1150 hieß Reineke noch Reinardus und wurde später Reinhart «der wegen seiner Schlauheit Unüberwindliche» genannt. Heute spaziert er auf seinen weichen Pfoten durch so manches Kinderbuch.

Rund um die Welt ranken sich Geschichten um den schlauen Fuchs. Er ist ein Gauner und Betrüger, aber auch Grenzgänger und Berater. Je nach Kulturkreis erfüllte er andere Aufgaben, oder seine Fähigkeiten wurden verschieden gewertet. In frühen Tagen als positives Natursymbol verehrt, wurde der Fuchs in christlicher Zeit ausschließlich als Inbegriff von Schlauheit, Hinterlist und Bosheit dargestellt. In der keltischen Tradition ist er Seelenbegleiter auf dem Weg zur Unterwelt, in lateinamerikanischen Mythen pendelt er als Götterbote zwischen Himmel und Erde. Bei den Fahrenden gilt der Fuchs als Glücksbringer, während sich in zahlreichen Schweizer Sagen Hexen in Füchse verwandeln. Das englische Wort *vixen* (Fähe, Füchsin) bedeutet gleichzeitig auch Hexe und böses Weib. Eine moderne Auslegung der Füchsin als Symbol für Wildnis und Unzähmbarkeit findet sich im bezaubernden Roman «Frau in Füchsin» von David Garnett, 1922 in England erschienen.

Der Inhalt vieler Fuchsgeschichten entstammt realen Naturbeobachtungen. So weist die Feindschaft zwischen Fuchs und Wolf, wie sie in mehreren Fabeln thematisiert wird, auf die Nahrungskonkurrenz der beiden Hundeartigen hin. Wenn der Fuchs in der Fabel zu den Gänsen predigt, zeigt sich darin die Situation, in welcher sich Gänse gegen einen angreifenden Fuchs zusammenrotten. Der Kreis schließt sich heute, indem die sprichwörtliche Schlauheit des Fuchses durch die enorme Anpassungsfähigkeit des Stadtfuchses bestätigt wird.

Von Menschen und Füchsen **145**

107

Themenkasten 18

Artgerechte Haltung von Füchsen in Zoos und Wildparks

Von Claudia Kistler

Warum sollen Füchse als nicht bedrohte, einheimische Tierart in einem Zoo gehalten werden? Immer mehr Füchse leben im Siedlungsraum. Das Nebeneinander von Wildtier und Mensch verläuft dabei nicht immer reibungslos, sei es, weil Leute die Füchse aus falsch verstandener Tierliebe füttern oder weil sie sich vor Infektionskrankheiten fürchten. Zoos und Wildparks leisten einen wichtigen Beitrag zum Verständnis von Wildtieren. Sie informieren anschaulich über die Lebensweise und das Verhalten vieler Tierarten und ermöglichen direkte Beobachtungen. Unabdingbare Voraussetzung dafür sind aber artgerecht gestaltete Gehege. Nur so kann das natürliche Verhalten der Tiere erlebt werden.

Das Environmental Enrichment (wörtlich: Anreicherung der Umwelt) ist ein wichtiges Instrument zur artgerechten Tierhaltung. Eine «Möblierung» regt die Tiere dazu an, ihr Gehege immer wieder aktiv zu erkunden und mit dieser Umwelt zu interagieren. Den Tieren werden Strukturen und Ressourcen geboten, die es ihnen ermöglichen, ihr artspezifisches Verhalten auszuleben. Dieses Konzept haben wir bei einer Gruppe von vier Füchsen im Wildpark Langenberg bei Zürich getestet und dabei wichtige Erkenntnisse darüber erhalten, welche Strukturen die Füchse nutzen und wie die Fütterung gestaltet werden soll. Diese Erkenntnisse helfen auch bei der Gestaltung von Gehegen anderer Tierarten, die als «Jäger und Sammler» unterwegs sind.

In freier Wildbahn sind Füchse vorsichtig und benutzen gern deckungsreiche Bereiche. Da sie aber auch sehr neugierig sind, nutzen sie gern erhöhte Stellen mit Übersicht. Damit sie klettern, rennen, herumschnüffeln, graben oder an der Sonne dösen können, muss ein artgerecht eingerichtetes Fuchsgehege großzügig dimensioniert und abwechslungsreich ausgestattet sein. Es soll naturnahe Strukturen aufweisen, die netzartig über das Gehege verteilt sind: Büsche, Sträucher, Hecken, hohle Holzstämme, Kletterbäume und Holzstapel sowie sichere und ungestörte Rückzugsorte.

108 Ein wichtiger Ort in einem Fuchsgehege ist der Fuchsbau, in dem die Füchse möglichst nicht gestört werden sollten. Im Testgehege des Zürcher Wildparks Langenberg wurde ein künstlicher Bau mit zwei Ausgängen angelegt. Hier sitzt eine der beiden Fähen der Fuchsgruppe vor einem Bauausgang.
109 Füchse haben gern eine gute Übersicht. Solche erhöhten Plätze werden zum Beobachten, aber auch zum Ruhen genutzt.
110 Füchse sind neugierig und sehr geschickt im Manipulieren von Gegenständen. So lernten die Füchse im Testgehege innert weniger Tage den Hebel an diesem Futterkasten so zu betätigen, dass die eingefüllten Rosinen und Nüsse nach und nach herausfallen.

Von Menschen und Füchsen 147

108

109

110

111 Füchse sind soziale Tiere und sollten in kleinen Gruppen gehalten werden. Die Tiere gehen zwar alleine auf Nahrungssuche, doch suchen sie auch immer wieder den Kontakt zueinander und spielen miteinander. Während der Paarungszeit kann es zu Kämpfen zwischen Rüden kommen. Das Gehege sollte deshalb so gestaltet sein, dass die Tiere einander ausweichen können.

112 Füchse orientieren sich zur Fortbewegung an Deckungsstrukturen. Im Testgehege sind so die typischen Wechsel oder Fuchspässe

Als gewiefte Jäger und findige Nahrungssammler haben sich Füchse ein breites Nahrungsspektrum erschlossen. Neben Fleisch gehört auch vegetarische Nahrung wie Beeren und Fallobst auf den Speisezettel des Fuchses. Daher sollen die Zusammensetzung des Futters sowie die Art der Verabreichung variieren. Im Freiland ist ein Fuchs während des größten Teils seiner aktiven Zeit damit beschäftigt, Nahrung zu suchen oder seiner Beute nachzustellen. Damit der Fuchs als erkundungsfreudiges Tier in einem Gehege nicht unterfordert ist, muss für ihn die Suche nach Futter zeitaufwändig sein. Im Testgehege des Wildparks Langenberg hatten wir zum Beispiel überall Rosinen und Baumnüsse verstreut, nach denen die Füchse dann eifrig und ausdauernd suchten. Oder die Füchse mussten an einer Futterkiste mit Pfote oder Schnauze selber einen herunterhängenden Hebel wiederholt anstupsen, um an das begehrte Futter zu gelangen. Ganz wichtig ist, dass die Fütterungen zu unterschiedlichen Tageszeiten und deshalb für den Fuchs nicht vorhersehbar stattfinden. Geeignet sind dazu auch elektronisch gesteuerte Futterautomaten, mit denen das Futter zufällig über den Tag verteilt und unabhängig vom Menschen angeboten werden kann.

Von Menschen und Füchsen 149

111

112

11 Jagd auf Füchse

Fuchs du hast die Gans gestohlen,
gib sie wieder her!
Sonst wird dich der Jäger holen mit dem Schießgewehr.

Seine große, lange Flinte
Schießt auf dich das Schrot,
dass dich färbt die rote Tinte,
und dann bist du tot.

Liebes Füchslein, lass dir raten,
sei doch nur kein Dieb.
Nimm, statt mit dem Gänsebraten,
mit der Maus vorlieb.

Volksweise, Ernst Anschütz

113 In der Schweiz, in Österreich und in Deutschland wurden in den letzten Jahren insgesamt jährlich 600 000 bis 700 000 Füchse erlegt. Somit ist die Jagd ein bedeutender Mortalitätsfaktor, der die Populationsdynamik beeinflusst. Doch die Fuchsbestände sind mit jagdlichen Mitteln kaum zu regulieren.

114 Füchse können durch ihre Mobilität und ein Sozialsystem mit Familiengruppen auch starke Verluste schnell kompensieren. Je nach Umweltsituation ändern sich zudem Fortpflanzungserfolg und Sterberate.

Füchse werden seit je nicht nur für ihre Schönheit und Schlauheit bewundert, sondern auch als Räuber und Schadensstifter wahrgenommen. Nicht nur die Gans, das Kaninchen oder das Huhn, die sich der Fuchs schnappt, sorgen für Unmut. Die Angst vor übertragbaren Krankheiten oder der Ärger über Siedlungsfüchse, die den sorgsam gepflegten Garten umgraben, Abfallsäcke aufreißen und Unordnung hinterlassen, wecken bei vielen den Wunsch, sich dieser Probleme mit Hilfe von Jäger und Schießgewehr zu entledigen. So zeigt eine Umfrage aus dem Jahr 2004, dass rund 60 Prozent der Bevölkerung in der Schweiz und in Deutschland Füchse im Siedlungsraum nicht gutheißen (siehe Kapitel 10). Häufig wird gefordert, die Probleme mit Siedlungsfüchsen durch Jäger zu lösen. Jedoch: Ist das Abschießen der Füchse tatsächlich die Lösung aller Probleme?

Tücken der Fuchsjagd

Füchse sind meist scheu und weichen dem Menschen aus – eine Folge der über Jahrhunderte dauernden intensiven Bejagung dieses «Raubwilds», zu dem der Fuchs in der Jägersprache gezählt wird. Schnell nehmen Füchse dank ihrer guten Nase Witterung auf, wenn ein Mensch in der Nähe ist, und verschwinden, oft bevor sie überhaupt bemerkt werden. Meist halten sie sich in Deckung und sind für uns deshalb nicht sichtbar. Ein Jäger braucht viel Geduld und Erfahrung, um einen Fuchs abzupassen.

115 Der Umgang mit Füchsen im Siedlungsgebiet ist besonders umstritten: Jagdverantwortliche werden oft vehement aufgefordert, Füchse im Siedlungsraum intensiv zu bejagen. Gleichzeitig werden sie kritisiert von den Leuten, die sich an der Präsenz des Fuchses im Siedlungsraum freuen.

Im Siedlungsraum kommt erschwerend dazu, dass der Einsatz von Schusswaffen zwischen den Häusern gefährlich ist. Problematische Siedlungsfüchse, die geschossen werden sollen, werden deshalb meist in Fallen gefangen und gleich vor Ort mit der Pistole getötet. Die Fuchsjagd im Siedlungsraum ist also ausgesprochen aufwändig, so dass eine großflächige, intensive Bejagung kaum durchführbar ist.

Abschuss frei für die Füchse?

Eigentlich, so scheint es, ist es einfach: Damit eine Fuchspopulation abnimmt, müssen mehr Füchse sterben als Jungfüchse geboren werden und aus anderen Gebieten zuwandern. Die Sterberate muss also höher sein als die Populationszuwachsrate. Es gibt jedoch einige Gründe, weshalb dieses Verhältnis nur schwer zu erreichen ist. Die natürliche Sterblichkeit ist in vielen Wildtierpopulationen hoch. Bei vielen Säugetieren sterben mehr als die Hälfte der Jungtiere, bevor sie ein Jahr alt sind. Viele Füchse, die durch die Jagd erlegt werden, würden im ersten Jahr ohnehin sterben. Jungfüchse dürfen nach Ende der Schonzeit ab 15. Juni geschossen werden. Dann sind sie ungefähr zweieinhalb Monate alt. In diesen Fällen kompensiert die Jagd die natürliche Sterblichkeit und hat keinen regulierenden Effekt auf den Bestand. Sie kann sogar die Überlebenschance der übrigen Füchse erhöhen, weil sie durch Abschüsse die Konkurrenz unter den Füchsen verringert.

In Familiengruppen: Lücken schnell aufgefüllt

Füchse beginnen bei hoher Dichte, wie sie in vielen Städten, aber auch in anderen günstigen Lebensräumen beobachtet wird, Familiengruppen zu bilden, die meist aus einem Rüden und mehreren Fähen bestehen (siehe Kapitel 6). Dabei pflanzt sich meist nur eine Fähe fort, während die anderen Weibchen keine Jungen haben. Wird die Fähe, die sich fortpflanzt, erlegt, wird ihr Platz sehr schnell von einer anderen Füchsin der Familie übernommen. Die Familiengruppe bekommt also trotz Eingreifen der Jäger im darauf folgenden Frühling wieder Nachwuchs. Wird eine Fähe geschossen, die sich selber nicht fortpflanzt, hat der Abschuss ohnehin keinen Einfluss auf den Nachwuchs der Familiengruppe. Wird ein Rüde geschossen, füllt sehr schnell ein anderer Rüde die entstandene Lücke auf.

Ein weiteres Phänomen dämpft den Einfluss der Jagd auf den Fuchsbestand. Die Jagd kann sich nicht nur auf die Sterblichkeit, sondern auch auf die Anzahl Jungtiere, die geboren werden oder überleben, auswirken. So wurde in verschiedenen Studien gezeigt, dass Füchse je nach Situation mehr oder weniger Junge bekommen können. Starke Verluste können bis zu einem gewissen Grad durch eine Erhöhung der Reproduktion ausgeglichen werden. Zudem werden frei werdende Reviere schnell wieder durch junge Füchse besetzt, die im Herbst und Winter nicht abwandern, oder durch Füchse, die aus weiter entfernten Gebieten zuwandern.

Bestandesregulierung durch Fuchsjagd – ein Alles oder nichts?

Als sich in den 1960er Jahren die Tollwut nach Westeuropa ausbreitete, war die Impfung von Füchsen durch die Auslage von Ködern noch nicht entwickelt (siehe Kapitel 2). Da die Wahrscheinlichkeit der Übertragung der Tollwut von einem Fuchs zum nächsten bei kleiner Fuchsdichte geringer ist, wurde versucht, die Fuchsbestände mit allen verfügbaren Mitteln zu reduzieren. Bei einem Wert zwischen 0,25 bis 1,0 Füchsen pro Quadratkilometer kann sich die Tollwut nicht weiter ausbreiten.

116

Die in den 1960er und 1970er Jahren eingesetzten Methoden zur Fuchsbekämpfung waren drastisch. Es gab keine Schonzeit mehr während der Jungenaufzucht, und Tausende Fuchsbaue wurden vergast. Trotz diesen damals auch unter den Jägern und Jägerinnen sehr umstrittenen Maßnahmen gelang es nicht, den Fuchsbestand so weit zu reduzieren, dass die Tollwutwelle zum Stillstand kam. Erst mit der Einführung der Tollwutimpfung konnte diese Epidemie gestoppt werden.

Studien in verschiedenen Ländern zeigen, dass hohe Fuchsbestände nur in kleinen Gebieten und nur mit sehr massiven Eingriffen reduziert werden können, und dies auch nur temporär, wenn der Druck auf den Fuchsbestand durch die Jagd sehr hoch gehalten wird. Solange die durch die Jagd bedingte zusätzliche Sterblichkeit über Zuwanderung und Reproduktion kompensiert wird, kann die Population bis zum Fassungsvermögen des jeweiligen Lebensraums noch anwachsen. Das Wachstum kann allenfalls verlangsamt, nicht aber gestoppt werden.

116 Füchse werden seit langem stark bejagt. Sie haben ihr Verhalten der Umwelt angepasst und haben ihre Aktivität mehrheitlich in den Schutz der Nacht verlegt. Das vermehrte Auftauchen von dreisten Füchsen in Siedlungsgebieten ohne Jagddruck lässt vermuten, dass ihre Scheu durch die Intensität der Verfolgung durch den Menschen mitbestimmt wird.

117 Früher waren Fuchsfelle begehrt, und Jäger konnten dafür einen guten Preis einlösen. Mit der schwindenden Nachfrage nach Fuchsfellen sind auch die Fellpreise zusammengebrochen, und es lohnt sich nicht mehr, aus finanziellen Gründen Füchse zu schießen.

Fuchsjagd im Wandel der Zeit

In der Schweiz wurden um die Jahrtausendwende jährlich rund 40 000 Füchse geschossen, in Österreich waren es rund 60 000 Füchse und in Deutschland jährlich mehr als eine halbe Million. Doch die Fuchsbestände werden damit kaum kontrolliert. Die Frage nach dem Sinn der Jagd auf Füchse wird nicht nur unter Tierschützerinnen und Tierschützern, sondern zunehmend auch in Jagdkreisen diskutiert – und wirft grundsätzliche Fragen zum künftigen Umgang mit dem Wildtier Fuchs auf.

Die frühere ökonomische Bedeutung der Fuchsjagd fällt heute weg, da Fuchsfelle kaum mehr verkauft werden können und die Fellpreise damit zusammengebrochen sind. Früher haben die Jäger ihre Patentgebühren durch den Verkauf der Felle bezahlt und teilweise einen erheblichen «Zustupf» ans Haushaltseinkommen erwirtschaftet. Zudem waren die Füchse ein willkommener Braten. Mit den gestiegenen kulinarischen Ansprüchen fällt heute auch diese Verwendung der geschossenen Füchse weg. Eine Jagd ohne sinnvolle Nutzung des erbeuteten Tieres ist jedoch ethisch schwierig zu vertreten.

118 Die traditionsreiche Jagd mit Hundemeuten ist in Großbritannien seit dem Jahr 2005 verboten.

Effekte der Jagd auf die Fuchspopulation

Die Jagd vermag in den meisten Fällen die Fuchsbestände nicht zu regulieren. Trotzdem darf nicht unterschätzt werden, dass sie als bedeutender Sterblichkeitsfaktor einen starken Einfluss auf die Altersstruktur der Fuchspopulationen, die Stabilität von Familiengruppen und Fuchsterritorien sowie die Wanderbewegungen junger Füchse auf Reviersuche hat. Auch das Verhalten von Füchsen ist vermutlich stark von der anhaltenden Bejagung geprägt. Von vielen Tierarten ist bekannt, dass sie sich in Gebieten, in denen sie bejagt werden, viel scheuer verhalten. Die Vorsicht des Fuchses ist sprichwörtlich und taucht als Schlauheit in den Fabeln auf. Mit scheuen Wildtieren sind die Konflikte geringer, das gilt nicht nur für Wolf und Bär, sondern auch für den Fuchs.

Möglicherweise hat die Jagd jedoch indirekt einen regulierenden Effekt auf die Fuchsbestände: Scheue Füchse sind weniger vorwitzig und können sich manche attraktive Nahrungsquelle in der Umgebung des Menschen nicht erschließen, weil sie sich nicht so nahe heranwagen. Siedlungsfüchse verlieren diese Scheu zunehmend und finden so Zugang zu immer neuen Nahrungsquellen. Dies ist einer der Gründe, weshalb es in Siedlungsgebieten angebracht sein kann, Füchse, die keine Scheu mehr zeigen, konsequent zu schießen.

Die Fuchsjagd in der öffentlichen Meinung

Die Fuchsjagd schürt nicht nur in Großbritannien Emotionen. Im Land der traditionsreichen Fuchsjagd wird jedoch die Kontroverse zwischen Jagdanhängern und Tierschutzorganisationen besonders erbittert geführt. Die Diskussion drehte sich bisher vor allem um die Treibjagd von Füchsen mit speziell abgerichteten Hundemeuten (siehe Abbildung 118). Die Auseinandersetzung fand ihren vorläufigen Höhepunkt im Jahr 2004, als das Britische Parlament den so genannten Hunting Act verabschiedete, ein Gesetz, das seit Februar 2005 die Treibjagd mit Hunden in Großbritannien verbietet.

Gerade im Siedlungsraum, wo direkte Begegnungen zwischen Menschen und Füchsen häufig sind, führt das Thema auch bei uns oft zu kontroversen Diskussionen. Nicht selten wird von Wildhütern und Jägern verlangt, alle Füchse im Wohnquartier konsequent zu schießen. Entschei-

118

det sich jedoch ein Jagdverantwortlicher, in einer gewissen Situation eine Falle aufzustellen und den Fuchs zu erlegen, wird er oft von Fuchsfreunden kritisiert, die sich für «ihre» Füchse einsetzen und ein solches Vorgehen nicht verstehen mögen. Eingriffe mögen jedoch auch gerechtfertigt sein, um Konflikte zu entschärfen. Wie die Erfahrung zeigt, besteht in solchen Situationen das Risiko von illegalen Selbsthilfe-Maßnahmen wie das Auslegen von Giftködern, was tragische Folgen für Füchse und andere Wildtiere haben kann.

Für ein zeitgemäßes Management der Fuchsbestände ist es grundlegend, die Möglichkeiten und Grenzen verschiedener Maßnahmen je nach Situation und Zielsetzung abzuwägen. Gerade im Siedlungsraum steht dabei ein konfliktarmes Zusammenleben von Mensch und Fuchs im Vordergrund.

Quellen: 3, 4, 17, 25, 26, 35

Management von Stadtfüchsen: das Zürcher Beispiel

Themenkasten 19

Mitte der 1990er Jahre, als in Zürich plötzlich regelmäßig Siedlungsfüchse anzutreffen waren und sich Beschwerden wegen Füchsen häuften, wurde im Rahmen des Integrierten Fuchsprojekts überprüft, ob eine weitere Zunahme der Fuchspopulationen im Siedlungsraum durch Jagdeingriffe zu verhindern sei.

Die Stadt Zürich ist ein Wildschonrevier ohne private Jagd. Drei Wildhüter sind in je einem von drei ähnlich großen Stadtsektoren zuständig für die Wildtiere und für Eingriffe zur Bestandesregulierungen. In einem Sektor, dem Revier Ost, wurden Füchse von 1996 bis ins Jahr 2000 intensiv geschossen. Im Revier Nord und im Revier West wurden Füchse nur geschossen, wenn Schaden stiftende Füchse zu zahlreichen Beschwerden führten. In allen drei Revieren wurde die Anzahl geschossener (Abschuss) und tot aufgefundener Füchse (Fallwild, meist Verkehrsopfer) erhoben. Das Fallwild ist ein guter Indikator zur Entwicklung des Fuchsbestandes.

Die Zahlen zeigen, dass das Fallwild (blaue Linie) im Revier West mit den geringsten Abschüssen (orange Linie) in einem ähnlichen Umfang angestiegen ist wie im Revier Ost, wo in fünf Jahren mit insgesamt 463 Tieren am meisten Füchse geschossen wurden.

Jagd auf Füchse 161

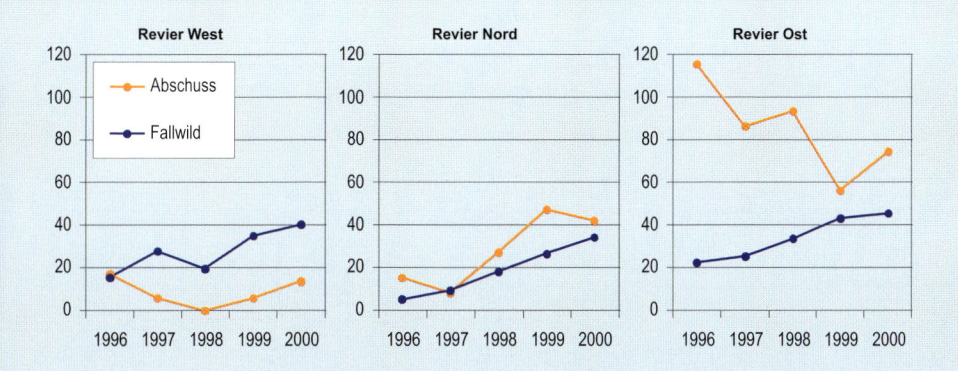

Revier West

- Abschuss
- Fallwild

Revier Nord

Revier Ost

Immer mehr Stadtfüchse?

Fox Games ©1989 Sandy Skoglund

Leben zu viele Füchse in der Stadt?

Manchmal wird von Seiten der Bevölkerung die Befürchtung geäußert, dass es schon heute zu viele Füchse in der Stadt habe und die Fuchsbestände immer weiter zunehmen könnten. In diesem Zusammenhang wird meist auch eine entschlossene Dezimierung der städtischen Fuchspopulationen durch Wildhüter und Jagdverantwortliche gefordert.

Doch die Frage nach der «richtigen» Anzahl Füchse in einem Lebensraum wird immer mit Blick auf ein gewisses Ziel oder einen spezifischen Nutzen beantwortet. Aus Sicht der Stadtbevölkerung fällt das Urteil je nach Betroffenheit oder Einstellung der Stadtbewohner anders aus. Für viele Leute hat es dann zu viele Füchse, wenn sie ihnen lästig werden, wenn sie zum Beispiel im Garten Löcher graben oder Abfallsäcke plündern. Andere Leute freuen sich über eine überraschende Beobachtung von einem Stadtfuchs, für sie hat es nicht zu viele Füchse in der Stadt.

Aus rein biologischer Sicht gibt es kein «Zuviel». Wildtierpopulationen wachsen auch ohne Jagdeingriffe nicht uneingeschränkt weiter; einer Zunahme sind durch verschiedene Faktoren Grenzen gesetzt. Vergleichbar mit einem Gefäß hat jeder Lebensraum ein gewisses Fassungsvermögen für die Individuen einer Art. Diese Kapazität ist in jedem Lebensraum verschieden und hängt von den verfügbaren Ressourcen ab, die das Tier zum Leben benötigt. Beim Fuchs sind dies unter anderem die Nahrung, die ihm zur Verfügung steht, sowie die Schlafplätze und Verstecke, wo Jungfüchse großgezogen werden.

119 Wird es immer mehr Füchse geben oder gibt es Faktoren, welche die Fuchspopulation begrenzen? (Fox Games, 1989, Sandy Skoglund).

120

Lebensraumkapazität begrenzt Populationswachstum

Wächst eine Population über die Kapazitätsgrenze des Lebensraums hinaus, sind nicht mehr genügend Ressourcen für alle Individuen vorhanden. Ist eine Population weit unter dieser Umweltkapazität, findet jedes Individuum die zum Leben benötigten Ressourcen im Überfluss: Es herrschen paradiesische Zustände. In diesem Stadium kann eine Population schnell anwachsen. Mit zunehmender Bestandesgröße steigt aber die Konkurrenz der Individuen einer Art um die begrenzten Ressourcen. Die Sterblichkeit steigt an, oft sinkt auch die Reproduktion, und die Population pendelt sich bei der Kapazitätsgrenze ein.

Neben Reproduktions- und Sterberate bestimmen auch Zu- und Abwanderung die Populationsgröße in einem Gebiet. Diese vier Größen bestimmen, ob ein Bestand zunimmt, abnimmt oder sich in einem Gleichgewicht bewegt.

120 Orte, wo Jungfüchse im Siedlungsraum sicher und ungestört großgezogen werden können, sind nur beschränkt vorhanden und dürften ein Faktor zur Begrenzung der Fuchspopulation sein.

121 Immer wieder kommt es vor, dass Füchse Abfallsäcke, die bereits am Vorabend für die Kehrichtabfuhr bereitgestellt wurden, aufreißen und nach fressbaren Abfällen durchsuchen. Dies ist einer der Gründe, weshalb in der Stadt Zürich Abfallcontainer zum Einsatz kommen.

Dies stimmt natürlich auch für die Füchse. Nachdem sie durch die Besiedlung von Agglomerationen und Städten einen neuen – und darüber hinaus einen an Ressourcen sehr reichen – Lebensraum erobert hatten, konnten die städtischen Fuchspopulationen sehr schnell wachsen. Erste Anzeichen dafür, dass sich bei uns das Wachstum der Fuchsbestände verlangsamt, sind Familiengruppen. Dadurch, dass in einer Familiengruppe nicht mehr jede Fähe Junge zur Welt bringt, findet bereits eine Regulation des Wachstums statt.

Veränderung der Lebensraumkapazität

Die Lebensraumkapazität ist keine fixe Größe, sondern kann variieren, etwa weil sich das Angebot einer Ressource verändert, die das Wachstum begrenzt. Im Siedlungsraum trifft das zum Beispiel für das Nahrungsangebot zu. Abfälle, die mehr als die Hälfte der Nahrung von Stadtfüchsen ausmachen (siehe Kapitel 7), haben im Verlaufe der letzten 40 Jahre massiv zugenommen. In der heu-

122 Essensreste, die draußen fortgeworfen werden, zum Beispiel nach dem Mittagessen im Freien, sind gefundener «Fast Food» für Wildtiere im Siedlungsraum.

123 Futterstellen für Wildtiere, wie hier der Milchnapf für Igel, werden auch von Füchsen gern aufgesucht und vergrößern unnötig die Kapazität des Lebensraums.

tigen Überflussgesellschaft werden bei weitem mehr Haushaltabfälle als in den 1960er Jahren produziert. Die fressbaren Abfälle stehen letztlich den Füchsen und anderen Tieren in der Stadt in der Form von nicht mehr geernteten Früchten, als Essensreste auf Komposthaufen, in Abfallsäcken – und auf der Straße zur Verfügung.

Heute bieten überall Restaurants und Imbissbuden Mahlzeiten zum Mitnehmen an. Häufig werden die Reste dieses «Fast Foods» draußen fortgeworfen und sind dann ein gefundenes Fressen für Wildtiere. Ein weiterer Faktor erhöht das Nahrungsangebot noch zusätzlich: Es sind dies Stadtbewohnerinnen und -bewohner, die Füchse aktiv füttern. All dies bewirkt eine Zunahme der Ressource Nahrung und damit eine Erhöhung der Lebensraumkapazität für Füchse im Siedlungsraum.

Zu Beginn der Eroberung des Siedlungsgebiets haben die Füchse selbst durch ihr verändertes Verhalten zur Erhöhung der Kapazität ihres Lebensraums beigetragen: Stadtfüchse sind weit weniger scheu als ihre Artgenossen auf dem Land. Dadurch konnten sie sich reichhaltige Nahrungsquellen wie Komposthaufen oder fortgeworfene Nahrungsreste in Wohngebieten erschließen.

Krankheiten, Konkurrenz, Feinde: vom Jäger zum Gejagten

Krankheiten, die Konkurrenz mit anderen Arten oder Raubtiere können die Ursache sein, weshalb die natürliche Lebensraumkapazität nicht erreicht wird. Für Rotfüchse stellen größere Hundeartige, bei uns Wölfe, in Nordamerika auch Kojoten, nicht nur eine Konkurrenz um Ressourcen, sondern auch eine direkte Gefahr dar. Im Alpengebiet machen Luchse erfolgreich Jagd auf Füchse. Die geringe Anzahl dieser großen Beutegreifer bewirkt aber in unseren Breitengraden keine markante Reduktion der Fuchsbestände.

Seuchen vermögen Fuchsbestände über Jahre hinweg weit unter die Kapazitätsgrenze zu drücken. Die Gefahr von Seuchen ist bei hohen Tierbeständen hoch, denn erkrankte Tiere können die Krankheit in einem dichten Bestand schnell weitergeben. Als Folge davon können Populationen buchstäblich zusammenbrechen. Dies geschah beispielsweise in Mitteleuropa durch die Ausbreitung der Tollwut in den 1960er und 1970er Jahren (siehe Kapitel 2) und Mitte der 1990er Jahren durch den Ausbruch der Räude bei Stadtfuchspopulation in britischen Städten (siehe Themenkasten 20).

Immer mehr Stadtfüchse? **169**

122

123

124 Ein wichtiger Sterblichkeitsfaktor im Siedlungsraum ist der Verkehr. In der Stadt Zürich sind in den letzten Jahren zwischen 100 und 200 Füchse jährlich dem Verkehr zum Opfer gefallen.

Wie viele Füchse können in einer Stadt leben?

Wie groß ist die Lebensraumkapazität der Stadt für die Füchse? Haben die städtischen Fuchspopulationen die Lebensraumkapazität erreicht oder wachsen sie noch weiter? Um Antworten auf diese Fragen zu finden, müssen wir zuerst mehr darüber wissen, wie viele Füchse denn gegenwärtig schon in einer Stadt leben. Eine einfache Frage – aber die Antwort darauf ist nicht leicht zu finden.

Im Zürcher Fuchsprojekt mussten dazu verschiedene Methoden eingesetzt werden. Absolute Zahlen ergab eine Populationsschätzung in einem rund sieben Quadratkilometer großen Stadtquartier. In Zusammenarbeit mit dem zuständigen Wildhüter und mit Aufrufen an die Bevölkerung konnten 23 Fuchsbaue mit Jungenaufzucht kartiert werden. Beobachtungen an einigen dieser Fuchsbaue ergaben, dass durchschnittlich drei Altfüchse anwesend waren. Dies ergibt einen Fuchsbestand von 69 Altfüchsen für das Untersuchungsgebiet oder von rund zehn Altfüchsen pro Quadratkilometer.

Vergleichen wir diese Zahl mit Dichteangaben aus der Fachliteratur, welche für ländliche Gebiete Mitteleuropas durchschnittliche Dichten von 0,4 bis 1,8 Füchse pro Quadratkilometer ausweisen, dann wird deutlich, dass sich innerhalb von nur 15 Jahren in der Stadt Zürich eine erstaunlich große Fuchspopulation entwickelt hat. Doch ist damit die Lebensraumkapazität für Stadtfüchse erreicht?

Angaben dazu bieten Studien aus Großbritannien, wo Füchse schon viel länger als bei uns Städte bewohnen. Dort wurden denn auch die bisher höchsten Fuchsdichten überhaupt beobachtet: Die Forschungsgruppe von Professor Harris an der Universität Bristol schätzte Anfang der 1990er Jahre in dieser südwestenglischen Stadt die Fuchsdichten auf bis zu 30 Tiere pro Quadratkilometer. Diese eindrucksvolle Zahl zeigt, dass Füchse in Städten in fast unvorstellbaren Dichten vorkommen können. Das ist – neben dem großen Nahrungsangebot – ein weiterer Hinweis darauf, dass die Fuchsbestände in Zürich und anderen Städten des europäischen Festlandes die Lebensraumkapazität noch nicht ausgeschöpft haben und in den nächsten Jahren weiter anwachsen können.

Quellen: 10, 16, 40

Themenkasten 20 | Räude

125 Milbenweibchen legen Bohrkanäle in der Hornschicht der Haut ihres «Wirtes» an, in welchen sie Eier und Kot deponieren. Die männlichen Milben wandern auf der Suche nach Weibchen hauptsächlich über die Hautoberfläche.

Die Sarkoptesräude ist eine bei Säugetieren weit verbreitete Hautkrankheit, welche durch die Milbenart *Sarcoptes scabiei* verursacht wird. Die beim Menschen durch diese Milben ausgelöste Krankheit wird Krätze genannt. Die rund 0,3 Millimeter großen Milbenweibchen bohren Kanäle in die Haut, leben dort von Hautzellen und Gewebeflüssigkeit und legen Kot und ihre Eier ab. Diese Absonderungen verursachen Bläschen und Pusteln und führen zu einem starken Juckreiz. Wenn sich das von den Milben befallene Tier kratzt, entstehen Wunden, die meist zu Infektionen führen. Das typische Bild, welches die Räude charakterisiert, sind Hautrötungen, Schuppenbildung und später dicke Krusten und oft Haarausfall.

Bei den wild lebenden Raubtieren ist die Krankheit vor allem beim Fuchs bekannt, kann aber auch bei Wolf, Bär und Luchs vorkommen. Beim Schalenwild können Gämsen und Steinböcke ebenfalls Opfer der Krankheit werden. Erkrankte Tiere sind abgemagert, ihr Fell sieht struppig aus, und sie zeigen oft Verhaltensstörungen (kein Fluchtverhalten, Angriffe gegen Haustiere).

Die Räude kann bei Haustieren behandelt werden, bei frei lebenden Wildtieren aber endet die Krankheit, bis auf wenige seltene Ausnahmen, mit dem Tod. Füchse verenden nach etwa vier bis sechs leidvollen Wochen.

Räude in Bristol

Die südwestenglische Stadt Bristol ist die Stadt, für die dank intensiven Forschungsarbeiten die bisher höchsten Fuchsdichten von über 30 Altfüchsen pro Quadratkilometer dokumentiert sind. Bis in die Mitte der 1990er Jahre war diese Stadt frei von Räude. Im Mai 1994 wurde ein Fuchs eingefangen, der mit Räude befallen war. Das Tier wurde umgehend eingeschläfert, die Krankheit hatte sich aber bereits in seiner Fuchsgruppe festgesetzt und breitete sich schnell aus. Innerhalb von weniger als zwei Jahren starben rund 95 Prozent der Füchse von Bristol an Räude. In Gebieten, wo anfangs 1994 dreißig Füchse pro Quadratkilometer beobachtet wurden, betrug die Fuchsdichte 1996 weniger als einen Fuchs pro Quadratkilometer. Nur wenige Füchse schienen die Räude überlebt zu haben, doch seither erholen sich die Fuchsbestände in Bristol langsam wieder, sind aber immer noch bei Weitem geringer als vor dem Ausbruch der Räude.

125

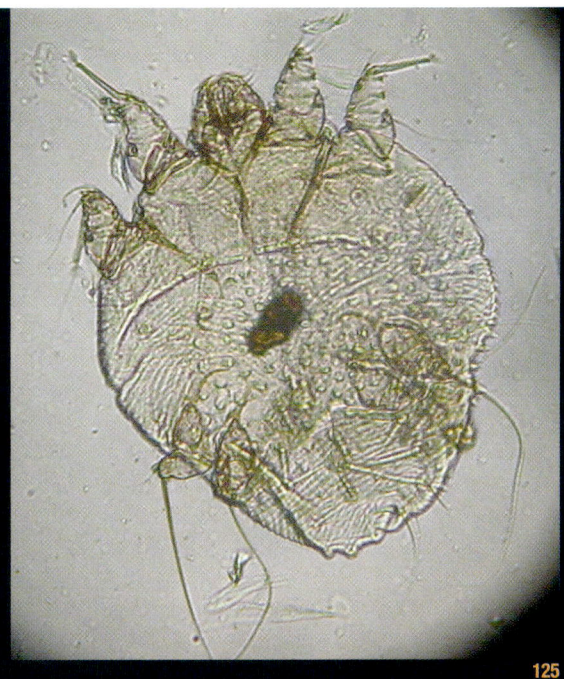

Räude in der Schweiz

Die Sarkoptesräude war vor Ausbruch der Tollwut in der Schweiz weit verbreitet. Parallel zur Ausbreitung der Tollwut war ein Rückgang der Räude zu verzeichnen. Seit ein paar Jahren tritt die Sarkoptesräude in der Schweiz punktuell in den Nordwestalpen auf (Wallis, Waadtländer und Berner Alpen). Einzelfälle wurden in den Kantonen Uri und Tessin registriert. In der Stadt Genf sind auch die Stadtfüchse von Räude betroffen, die Fuchspopulation ist jedoch nicht im selben Maß zusammengebrochen wie in der englischen Stadt Bristol. Im Norden der Schweiz gab es in den letzten Jahren keine Nach-

Anhang

126

Quellen

1 Baker P. J., Funk S. M., Bruford M. W., Harris S., 2004. Polygynandry in a red fox population: implications for the evolution of group living in canids? Behavioral Ecology 15: 766–778.
2 Baker P. J., Funk S. M., Harris S., White P. C. L., 2000. Flexible spatial organization of urban foxes, *Vulpes vulpes*, before and during an outbreak of sarcoptic mange. Animal Behaviour 59 (1): 127–146.
3 Baker P. J., Harris S., 2006. Does culling reduce fox (*Vulpes vulpes*) density in commercial forests in Wales, UK? European Journal of Wildlife Research 52 (2): 99–108.
4 Baker P. J., Harris S., Webbon C. C., 2002. Effect of British hunting ban on fox numbers. Nature 419: 34.
5 Bontadina F., Gloor S., Hegglin D., Hotz T., Stauffer C., 2001. INFOX – Kommunikation für ein konfliktarmes Zusammenleben von Menschen und Stadtfüchsen. Eidg. Forschungsanstalt für Wald, Schnee und Landschaft [WSL] – Forest Snow and Landscape Research 76: 267–284.
6 Bontadina F., Contesse P., Gloor S., 2001. Wie beeinflusst die persönliche Betroffenheit die Einstellung gegenüber Füchsen in der Stadt? Eidg. Forschungsanstalt für Wald, Schnee und Landschaft [WSL] – Forest Snow and Landscape Research 76: 255–266.
7 Breitenmoser U., Müller U., Kappeler A., Zanoni R. G., 2000. Die Endphase der Tollwut in der Schweiz. Schweiz. Arch. Tierheilk. 147: 447–453.
8 Caluori U., Hunziker M., 2001. Der Fuchs in der Stadt – geliebter oder missliebiger Nachbar? Ergebnisse einer Fallstudie in Zürich. Eidg. Forschungsanstalt für Wald, Schnee und Landschaft [WSL] – Forest Snow and Landscape Research. 76 (1/2): 243–253.
9 Chautan M., Pontier D., Artois M., 2000. Role of rabies in recent demographic changes in red fox *(Vulpes vulpes)* populations in Europe. Mammalia 64: 391–410.
10 Contesse P., Hegglin D., Gloor S., Bontadina F., Deplazes P., 2004. The diet of urban foxes *(Vulpes vulpes)* and the availability of anthropogenic food in the city of Zurich, Switzerland. Mamm. Biol. 69: 81–95.
11 Deplazes P., Hegglin D., Gloor S., Romig T., 2004. Wilderness in the city: the urbanization of *Echinococcus multilocularis*. Trends Parasitol. 20: 77–84.
12 Doncaster C. P., Dickman C. R., Macdonald D. W., 1990. Feeding ecology of red foxes *(Vulpes vulpes)* in the city of Oxford, England. J. Mammalogy 71: 188–194.
13 Eckert J., Deplazes P., 2004. Biological, epidemiological and clinical aspects of echinococcosis: a zoonosis of increasing concern. Clin. Microbiol. Rev. 17: 107–135.

126 Stadtfüchse werden in Zukunft so selbstverständlich zur Fauna des Siedlungsraums gehören wie Spatzen, Amseln und Marder.

14 Furrer C., 1999. Schlaforte und Aufzuchtsplätze des Rotfuchses *Vulpes vulpes* in der Stadt Zürich – Angebot und Nutzung im urbanen Lebensraum. Unpublizierte Diplomarbeit, Zoologisches Museum der Universität Zürich. 36 S.

15 Gloor S., 2002. The rise of urban foxes *(Vulpes vulpes)* in Switzerland and ecological and parasitological aspects of a population in the recently colonised city of Zurich. PhD thesis, Zoological Museum, University of Zurich. 118 p.

16 Gloor S., Bontadina F., Hegglin D., Deplazes P., Breitenmoser U., 2001. The rise of urban fox populations in Switzerland. Mamm. Biol. 66: 155–164.

17 Hare B., Plyusnina I., Ignacio N., Schepina O., Stepika A., Wrangham R., Trut L., 2005. Social cognitive evolution in captive foxes is a correlated by-product of experimental domestication. Current Biology 15: 226–230.

18 Harris S., 1977. Distribution, habitat utilization and age structure of a suburban fox *(Vulpes vulpes)* population. Mammal Rev. 7: 25–39.

19 Harris S., 1981a. An estimation of number of foxes *(Vulpes vulpes)* in the city of Bristol, and some possible factors affecting their distribution. J. Appl. Ecol. 18: 455–465.

20 Harris S., 1981b. The food of suburban foxes *(Vulpes vulpes),* with special reference to London. Mammal Rev. 11: 151–168.

21 Harris S., Rayner J. M. V., 1986. Urban fox *(Vulpes vulpes)* population estimates and habitat requirements in several British cities. J. Animal Ecol. 55: 575–591.

22 Hegglin D., 2003. The fox tapeworm *(Echinococcus multilocularis)* and the red fox (*Vulpes vulpes*) in the urban habitat: ecological and epidemiological aspects and an evaluation of an intervention strategy. PhD Thesis, Zoological Museum, University of Zurich. 229 p.

23 Hegglin D., Bontadina F., Gloor S., Romer J., Müller U., Breitenmoser U., Deplazes P., 2004. Baiting red foxes in an urban area: a camera trap study. J. Wildl. Manag. 68: 1010178–1017.

24 Hegglin D., Ward P., Deplazes P., 2003. Anthelmintic baiting of foxes against urban contamination with *Echinococcus multilocularis*. Emerg. Infect. Dis. 9: 1266–1272.

25 Hewson R., 1986. Distribution and density of fox breeding dens and the effects of management. J. Appl. Ecol. 23: 531–538.

26 Heydon M. J., Reynolds J. C., 2000. Demography of rural foxes *(Vulpes vulpes)* in relation to cull intensity in three contrasting regions of Britain. J. Zool. 251: 265–276.

27 Hofer S., Gloor S., Müller U., Mathis A., Hegglin D., Deplazes P., 2000. High prevalence of *Echinococcus multilocularis* in urban red foxes *(Vulpes vulpes)* and voles *(Arvicola terrestris)* in the city of Zurich, Switzerland. Parasitology 120: 135–142.

28 Kistler C., 2005. Environmental enrichment for red foxes in zoos and wildlife parks – a work in progress. Poster Zool. Inst. University of Zurich.

29 Klausnitzer B., 1993. Ökologie der Großstadtfauna. Gustav Fischer Verlag Jena, Stuttgart. 454 S.
30 Macdonald D. W., 1979. «Helpers» in fox society. Nature (London) 282: 69–70.
31 Macdonald, D., 1987. Running with the Fox. Unwin Hyman, London.
32 Macdonald D. W., Newdick M., 1982. The distribution and ecology of foxes, *Vulpes vulpes* in urban areas. In: Urban Ecology. Ed. by Bornkamm R., Lee J. A., Seeward M. R. Oxford: Blackwell Scientific Publi.: 123–135.
33 Meia J. S., Weber J. M., 1996. Social organization of red foxes *(Vulpes vulpes)* in the Swiss Jura mountains. Journal of Mammalian Biology 61: 257–268.
34 Orniplan, 2005. Ornithologische Kartierung für den Naturwertindex in der Stadt Zürich. Interner Bericht für Grün Stadt Zürich (Grünamt). www.orniplan.ch
35 Reynolds J. C., Goddard H. N., Brockless M. H., 1993. The impact of local fox *(Vulpes vulpes)* removal on fox populations at two sites in southern England. Gibier Faune Sauvage 10: 319–334.
36 Ryser M. P., 2004. Merkblatt RÄUDE. Merkblatt des Zentrums für Fisch- und Wildtiermedizin der Universität Bern. www.itpa.vetsuisse.unibe.ch/fiwi/
37 Steck F., Wandeler A., Bichsel P. et al., 1982. Oral Immunuzation of foxes against rabies: laboratory and field studies. Microbiology and Infectious Disease, 5: 165–174.
38 Steck F., Wandeler A., Nydegger B., Manigley C., Weiss M., 1980. Die Tollwut in der Schweiz 1967–1978. Schweiz. Arch. Tierheilk. 122: 605–636.
39 Sukopp H., 1990. Stadtökologie: das Beispiel Berlin. Reimer Verlag Berlin. 455 S.
40 Wandeler A. I., Lüps P., 1993. *Vulpes vulpes* (Linnaeus, 1758) – Rotfuchs. In: Handbuch der Säugetiere Europas (Stubbe M., Krapp F., eds), Band 5/I: 139–193.
41 Wandeler P., Funk S. M., Largiader C. R., Gloor S., Breitenmoser U., 2003. The city-fox phenomenon: genetic consequences of a recent colonization of urban habitat. Mol. Ecol. 12: 647–656.
42 Weber J. M., Aubry S., 1993. Predation by foxes *Vulpes vulpes* on the fossorial form of the water vole, *Arvicola terrestris* Scherman, in western Switzerland. Journal of Zoology (London) 229: 553–559.

Weiterführende Literatur

Behrend, Katrin; Labhard, Felix: Der Fuchs. Den schlauen Fuchs kennenlernen, erleben und verstehen. Ratgeber: Füchse beobachten und fotografieren. Gräfe und Unzer, 1992.
Sehr informativ mit vielen außergewöhnlichen Fotos von Füchsen.

Bontadina, Fabio; Gloor, Sandra; Hegglin, Daniel; Hotz, Therese: Lueged nume, de Fuchs gaat ume ... – Eine Unterrichtshilfe über Füchse in der Stadt.1997. Bezug bei www.swild.ch, schule@swild.ch
Die Unterrichtshilfe richtet sich an Lehrkräfte. Die Arbeitsblätter und Unterrichtsvorschläge sind vor allem auf die Mittelstufe der Primarschule zugeschnitten, können nach entsprechender Anpassung jedoch auch auf anderen Schulstufen verwendet werden.

Garnett, David: Frau oder Füchsin. Ein Mensch im Zoo. Rowohlt, 1952 oder Manesse-Verlag., Stuttgart, 1973.
Ein bezaubernder Roman über eine Frau, die sich nicht anpassen wollte, und eine Liebe, die sich nicht zähmen ließ.

Gloor, Sandra; Bontadina, Fabio; Hegglin, Daniel; Hotz, Therese: Füchse im Siedlungsraum. Wildbiologie Heft 6/32, 2001. Bezug bei www.wildtier.ch
Ein Überblick über die Resultate des Integrierten Fuchsprojekts IFP.

Hegglin, Daniel; Deplazes, Peter: Der kleine Fuchsbandwurm im Siedlungsraum. Wildbiologie, Heft 6/36, 2004. Bezug bei www.wildtier.ch
Eine Darstellung der Forschungsarbeiten und ihrer Ergebnisse im Rahmen des Integrierten Fuchsprojekts und weiterer Arbeiten am Institut für Parasitologie der Universität Zürich.

Hohler, Franz: Die Rückeroberung. Erzählungen. Luchterhand Literaturverlag, Taschenbuch, 1982.
In der fantastischen Erzählung «Rückeroberung» wird die Stadt von Pflanzen und Tieren zurückerobert.

Ineichen, Stefan: Die wilden Tiere in der Stadt. Verlag im Waldgut, 2001.
Zur Naturgeschichte der Stadt. Die Entwicklung städtischer Lebensräume in Mitteleuropa, verfolgt am Beispiel von Zürich. Stefan Ineichen zeigt in einer schönen historischen Übersicht, wie die Stadt zu ihren Wildtieren gekommen ist. Empfehlenswert für alle, die ein detailliertes Interesse an allen Wildtieren in der Stadt haben.

Labhard, Felix: Der Rotfuchs. Franckh-Kosmos Verlag, Stuttgart, 1996. *(vergriffen)*
Eine lesenswerte Monografie über den Rotfuchs mit schönen Bildern des Autors.

Macdonald, David: Unter Füchsen. Eine Verhaltensstudie. Knesebeck, München, 1993.
Ein äußerst spannend geschriebenes Buch des englischen Wildbiologen David Macdonald über seine Fuchsstudien in und um Oxford, Schottland und Afrika.

SWILD Zürich: Füchse in der Stadt: Leben mit einem Wildtier. Ratgeberbroschüre. Bezug bei swild.ch, inbox@swild.ch
Antworten zu den 20 am häufigsten gestellten Fragen zu Füchsen im Siedlungsgebiet.

Zürcher Tierschutz: Fährtenleser. Heimliche Gäste in Garten, Park und Haus. Broschüre 2006.
Anschaulicher Führer für Tierfährten zum Mitnehmen auf dem Spaziergang durch den Siedlungsraum, für große und kleine Spurenleser.

Für Kinder

Havard, Christian; Brauner, Anne (Übersetzerin): Meine erste Tierbibliothek: Der Fuchs. Esslinger Verlag Schreiber, 2002.
Ein anschauliches Kindersachbuch mit vielen schönen Bildern für Kinder ab 4 Jahren.

Lindgren, Astrid: Tomte und der Fuchs. Bilder von Harald Wiberg. Verlag Friedrich Oetinger, Hamburg. (Bilderbuch)
Ein märchenhaftes Bilderbuch vom Fuchs, der in einer kalten Winternacht vom Hunger getrieben in die Siedlung der Menschen kommt, und von Tomte, dem Zwerg, der dem Fuchs hilft.

Englische und französische Literatur

Garnett, David: Lady Into Fox. Kessinger Publishing 1922, reprint 2004.
Eine bezaubernde Erzählung über eine Liebste, die eher Wilde ist als Hausfrau.

Harris, Stephen; Baker, Phil; Troughton, Guy: Urban Foxes. British Natural History, Whittet Books, London, 2001.
Sehr interessantes Buch über Stadtfüchse und Fuchsstudien in Großbritannien.

Hemmington, Martin: Foxwatching. Whittet Books, London, 1997.
Eine Übersicht der Biologie und des Verhaltens von Füchsen und eine Anleitung für erfolgreiche Fuchsbeobachtungen.

Kolb, Hugh; Brown, Diana E.: Country Foxes. British Natural History, 1996.
Biologie der Füchse in ländlichen Gebieten.

Macdonald, David: Running with the Fox. Unwin Hyman, London, 1987.
    Eine Übersicht der Beobachtungen und Studien des Autors rund um Oxford, mit außergewöhnlichen Fotografien.

Meia, Jean-Steve: Le renard. Delachaux et Niestlé, Lausanne, 2003.
    Die Biologie des Fuchses, illustriert mit wunderschönen Fotografien: Beschreibung, Verhaltensweisen und Sozialleben, Mythologie, Beobachtungen.

Shirley, Peter: Urban Wildlife. Whittet Books, London, 1996.
    Eine Übersicht aller Wildtiere, denen man in städtischen Gebieten begegnen kann.

DVDs, Videos

Stadtfüchse. Eine SF DRS Produktion. MTW, 1997. Video, 50 Min. (Bezug bei www.sf.tv.ch)
    Sie ziehen ihre Jungen zwischen Altmetall und Baumaschinen groß, und in der Nacht suchen sie Trottoirs und Hinterhöfe nach Fressbarem ab. Die Stadtfüchse gehören mancherorts bereits zum alltäglichen Stadtbild. Ein Forscherteam kommt mit einem Langzeitprojekt diesem Phänomen auf die Schliche.

Netz Natur – Tollwut – Sieg für die Füchse? Eine SF DRS Produktion. Netz Natur. Regie: Andreas Moser, 1999. Video, 60 Min. (Bezug bei www.sf.tv.ch)
    Seit 1997 scheint in der Schweiz die Wildtier-Tollwut überwunden. Netz Natur nimmt die Spur des unheimlichen Virus in verschiedenen Gebieten der Welt auf und bringt eindringliche Bilder über die vielfältigen Auswirkungen des gefährlichen Winzlings, denn was für die gut situierte Schweiz gilt, bleibt anderswo auf der Welt ein Wunschtraum.

Stadtfüchse. Ein Film von Jost Schneider. Eine einmalige Dokumentation des heimlichen Lebens einer Stadtfuchs-Familie. DVD oder Video, 42 Min. (Bezug bei www.dokumentarfilme.ch)
    Eine Fuchsfamilie lebt mit ihren sechs Welpen in einer Stadt. Die Fuchsfähe und ein Jungtier sterben auf der Straße. Der Rüde zieht die Jungen nun alleine auf und gewöhnt die Welpen an das Stadtleben. Zwei Jungfüchse ziehen von ihrem Bau unter einem Stall in eine Buschgruppe zwischen Wohnhäusern. Sie sind sehr zutraulich, was ihnen später zum Verhängnis wird.

Den Füchsen auf der Spur. Ein Film von Jost Schneider. DVD oder Video, 25 Min. (Bezug bei www.dokumentarfilme.ch)
    Das Leben einer Fuchsfamilie im Laufe der Jahreszeiten.

Websites

www.zor.ch – Auf den Spuren des Stadtfuchses ZOR.
> Eine interaktive Website mit vielen spannenden Informationen rund um Füchse im Siedlungsraum. Mit aktualisierter Literaturliste und Online-Bestell-Möglichkeit.

www.swild.ch/fuchsprojekt – Die Seite mit Informationen zum Integrierten Fuchsprojekt in der Schweiz.
> Informationen, Grundlagen und Kontaktangaben zum Forschungsprojekt, das diesem Buch zu Grunde liegt.

Bildnachweis

Karten und Graphiken: Fabio Bontadina (S. 22, 31, 100), Sandra Gloor und Kalin Müller (S. 40, 56, 57, 92), Daniel Hegglin (S. 130, 161), Institut für Parasitologie, Universität Zürich (S. 129), Peter Wandeler (Abb. 110, Abdruck aus «Molecular Ecology 2003» 12: 647–656; Blackwell Publishing Ltd.), Abbildungen 56, 57, 92 reproduziert mit Bewilligung von swisstopo (BA067986). Die Grafik S. 37 wurde reproduziert aus «Urban Foxes» mit freundlicher Genehmigen von Whittet Books, E-Mail Annabel@whittet.dircon.co.uk. Die Grafik S. 114 wurde mit der Gene-Mapper® Software generiert und wurde uns freundlicherweise von der Firma Applied Biosystems, Rotkreuz, zur Verfügung gestellt. Die Karten S. 24, 25 und 26 von Uli Müller wurden uns freundlicherweise von der Schweizerischen Tollwutzentrale zur Verfügung gestellt. Für die Abbildung 54 danken wir herzlich Roland Hausheer, illustream.ch., die Luftaufnahmen S. 58 und 59 wurden uns freundlicherweise von Geomatik + Vermessung Stadt Zürich (14.7.2006) zur Verfügung gestellt. Abbildung 107 aus «Tomte und der Fuchs» von Astrid Lindgren, Illustrationen von Harald Wiberg, mit freundlicher Genehmigung des Oetingerverlags, Hamburg.

Fotos: Lukas Barth, swild.ch (Abb. 42), Ingo Bartussek (Abb. 5), Barry Batchelor, Keystone (Abb. 118), Fabio Bontadina, swild.ch (Abb. 4, 7, 10, 11, 12, 27 (Montage), 31, 34, 38, 40, 41, 44, 46, 51, 52, 58, 59, 73 oben, 77, 78, 79, 87, 99, 117, 124), Derk Ehlert (Abb. 6), fledermausschutz.ch (Abb. 14), fotonatur.de (Abb. 13, 66, 67, 75, 114), Laurent Geslin, Nature Picture Library (Abb. 3, 24, 61, 62, 63, 74, 100), Sandra Gloor, swild.ch (Abb. 30, 32, 33, 35, 36, 37, 43, 47, 53, 90, 102, 108, 109, 121, 122), Grün Stadt Zürich (Abb. 8, 9), Marianne Gubler, swild.ch (Abb. 107), Daniel Hegglin, swild.ch (Abb. 39, 56, 95, 96, 97, 113, 115), Institut für Parasitologie, Universität Zürich (Abb. 28, 94), Kalumet, Chemnitz (Abb. 125), Andreas Kappeler (Abb. 16, 17, 18, 19, 20, 22), Claudia Kistler, swild.ch (Abb. 48, 64, 65, 71, 91, 110, 111, 112, 126), Renée Küng, swild.ch (Abb. 59, 81, 123), Felix Labhardt (Abb. 116), Jocelyne Leclerc, Zoologisches Museum, Universität Zürich (Abb. 80), Beat Märki, Bilderhaus.ch (Abb. 15, 68, 93) Kathi Märki, swild.ch (Abb. 21, 23, 29, 50), Bence Mate (Abb. 72), Didier Pépin (Abb. 98), Klaus Robin, LUNO (Abb. 84), Doro Roethlisberger, Zoologisches Museum, Universität Zürich (die beiden Abbildungen rechts auf S. 60 und 61 sind Montagen), Max Ruckstuhl, Grün Stadt Zürich (Abb. 1, 2), Jost Schneider (Abb. 26, 57, 60, 69, 70, 73 unten, 88, 89, 101, 103, 106, 120), Schweizer Fernsehen SFDRS (Abb. 86), Corinne Siegenthaler, swild.ch (Abb. 49), Peter Sigwart (Abb. 82), Sandy Skoglund (Abb. 116), Bernd Walter, Biologische Versuchsanstalt für Land- und Forstwirtschaft Berlin und Braunschweig (Abb. 76), Kuno von Wattenwyl, swild.ch und LUNO (Abb. 85), zootrotters.nl (Abb. 92), Erwin Wild, swild.ch (Abb. 104), Monika Zucht / DER SPIEGEL (Abb. 25, 45, 55).

Dank

Für die schöne und wertvolle Zusammenarbeit in diesem breit angelegten, interdisziplinären Projekt danken die Autorin und die Autoren ganz herzlich all jenen, mit welchen wir im Integrierten Fuchsprojekt zusammenarbeiten durften und die das Projekt mit ihren Fachkenntnissen, mit Infrastruktur und mit finanziellen Mitteln tatkräftig unterstützt haben.

Ganz besonders danken möchten wir folgenden Personen für die anregende und spannende Zusammenarbeit in der **Projektleitung des Integrierten Fuchsprojekts**: Dr. Urs Breitenmoser (Schweizerische Tollwutzentrale und KORA), Prof. Dr. Peter Deplazes (Institut für Parasitologie, Universität Zürich), Dr. Marcel Hunziker (Abteilung Landschaft und Gesellschaft der Eidg. Forschungsanstalt für Wald Schnee und Landschaft WSL), Uli Müller (Schweizerische Tollwutzentrale und KORA), Christian Stauffer (Bereichsleiter Wildnis und Tiere, Grün Stadt Zürich).

Für die **wissenschafliche Beratung und ihre Unterstützung des Projekts** danken wir folgenden Wissenschaftlern herzlich: Dr. Simon Capt (Centre Suisse de Cartographie de la Faune CSCF), Prof. Dr. Johannes Eckert (Institut für Parasitologie, Universität Zürich), Dr. Stefan M. Funk (Institute of Zoology, Zoological Society of London), Dr. Bernhard Nievergelt (Zoologisches Institut, Universität Zürich), Prof. Dr. Paul Ward (Zoologisches Museum der Universität Zürich) und Prof. Dr. Vincent Ziswiler (Zoologisches Museum der Universität Zürich).

Für ihre engagierte **Mitarbeit** während der verschiedenen Phasen des Projekts danken wir herzlich: Lukas Barth, Claudia Bohl, Hanspeter Brun, Urban Caluori, Andreas Christoffel, Pascale Contesse, Patrick Fischer, Christina Furrer, Dr. des. Martin Grüebler, Dr. Sonja Hofer, Therese Hotz, Claudia Kistler, Anja Klingenböck, Lucia Kohler, Markus Leuenberger, Kathi Märki, Jann Romer, Gioia Schwarzenbach, Dr. Claudia Stieger, Isabelle Tanner, Matthias Ulrich, Dr. Peter Wandeler und Reto Wyss.

Ein herzlicher Dank geht an die Wildhüter der Stadt Zürich, welche uns mit Rat und Tat bei den Feldarbeiten unterstützt haben: Hermann Aerne, Stefan Dräyer, Erwin Nüesch und Bruno Zweifel.

Für die Unterstützung beim Fang von Füchsen danken wir dem KORA-Team, Bern, Karin Hindenlang und den Wildhütern der Stadt Zürich.

Die Studie wurde finanziell unterstützt durch den Schweizerischen Nationalfonds (Projekt-Nr. 31-47031.96), den Fonds zur Förderung des akademischen Nachwuchses FAN des Zürcher Hochschul-Vereins, dem Bundesamt für Bildung und

Wissenschaft im Rahmen der EU-Projekte CT97-3515 (BBW Nr. 97.0586) und QLK2-CT-2001-001995 (BBW Nr. 00.0586-2), dem Bundesamt für Veterinärwesen (Projekt Nr. 1.99.03) und der Stiftung Dr. Joachim de Giacomi.

Das vorliegende **Buch «Stadtfüchse – ein Wildtier erobert den Siedlungsraum»** wurde finanziell unterstützt durch den Zürcher Tierschutz, die Naturforschende Gesellschaft in Bern, die Cassinelli-Vogel-Stiftung, den Aargauischen Tierschutzverein und den Tierschutzbund Zürich.

Wir danken Kathi Märki (SWILD) für die schöne Zusammenarbeit, ihre Mithilfe bei der Auswahl und Organisation von Bildmaterial und das Schreiben der Themenkästen 9, 10, 13 und 17. Claudia Kistler (SWILD und Zoologisches Institut, Universität Zürich) danken wir für den Text über die artgerechte Haltung von Füchsen in Zoos und Wildparks (Themenkasten 18) und Kuno von Wattenwyl (SWILD, LUNO) und Andreas Ryser (LUNO) für den Text über den Besuch des Luchses Turo in der Stadt Zürich (Themenkasten 12). Kalin Müller danken wir für ihre fachkundige Unterstützung bei der Herstellung der Grafiken mit geografischen Informationssystemen. Jost Schneider danken wir vielmals für das umfangreiche Bildmaterial zu Stadtfüchsen. Ganz speziell danken wir Regine Balmer, Leiterin Lektorat des Haupt Verlags, Christoph Gassmann, Lektorat Wissenschaft, Haupt Verlag und Laura Dal Ben und Christoph Settele, Pool Design, für die gute Zusammenarbeit bei der Realisation des Buchs.

Index

Abschuss 23, 25, 30, 138 ff., 156, 162
Alveoläre Echinococcose 124 f., 128 f.
Bär 11, 172
Bestandesregulierung 155, 160, 165, 171
Bristol 39, 172
Brutvogelarten 12
Dichte der Fuchspopulation 39, 41, 166, 171
Drüsen 86
Echinococcus multilocularis 123 ff.
Eisfuchs 118
Entwurmung 125 ff.
Europa 12, 24, 26, 27, 32, 39, 40, 43, 111, 118
Fabeln 144
Fallwild 23, 31, 160, 161
    -zahlen 30
Familiengruppe 82 ff.
Fell 88, 118, 128, 157, 172
    -färbung 90, 118
    -wechsel 99
    -preis 157
Fenek 118
Fuchsbandwurm, Kleiner 43, 123 ff., 128 f., 130
    - Lebenszyklus 123 f., 128 f.
Fuchsbau 25, 40, 68, 74, 83, 92, 139, 148, 158, 173
Fuchskot 95, 123, 128, 142
Fuchsfallen 48 f.
Fuchsjagd 153 ff.
Fuchsmägen 101, 125
    -magenanalysen 102
Fuchspass 74
Fuchspopulation 23 ff., 30 ff., 36 ff., 39, 42 ff., 101, 140, 154, 157 ff., 165, 167, 171, 173
Fuchswechsel 74
Füttern 31, 74, 128, 138, 139, 142 ff., 146, 168
Gämse 172
Genetische Analysen 112 ff.
Graureiher 18
Großbritannien 37 ff., 71, 158 f., 171
Halsbandsender 48, 54, 104
Haustiere 102

Halbzahm 134, 142
Hund 32, 70, 125, 126, 128
    -artig 74, 85, 118, 144, 158, 168
    -etollwut 32
Igel 11, 12, 16
INFOX 44, 140
Jungenaufzucht 70, 75, 82 f., 88 ff.
Katzen 74, 99, 102, 103, 118, 125, 128
Krankheiten 168
Krankheiten, übertragbare 43, 124 ff., 128 f.
Landwirtschaft, intensive 11, 14
London 39, 133
Luchs 104 ff., 172
Marder siehe Steinmarder
Mauersegler 18
Mäuse 16, 18, 81, 84, 95 ff. 118, 123 ff.
Mitteleuropa 32, 39, 123, 168, 171
Nachtigall 12
Nahrung 95 ff., 167
Osteuropa 26
Pirol 12
Polarfuchs 118
Population 23, 104, 124, 156, 166, 168
    -sdichten 106
    -sschätzung 171
    -swachstum 166, 171
Radiotelemetrie 47 f., 54 ff.
Räude 168, 172 f.
Regenwürmer 96, 98
Regenwurmjagd 53
Rotfuchs (Vulpes vulpes) 118
Saatkrähe 11
Sarcoptes scabiei 172 f.
Schuhe 74, 76
Sender 54
    -markiert 42, 48, 50, 57, 66, 67, 82
    -halsbänder 47
Sozialleben 81 ff., 86 f.
Spiel 59, 86, 88, 90, 101, 123, 148
Spielen 25, 59, 70, 74, 76, 90, 148
Steinbock 172

Steinmarder 10, 16
Störungen 13, 50, 74, 90
Streifgebiet 47, 53, 68, 82, 90, 92, 130
Telemetrie 57
    -studie 48, 133
    -nacht 76
Territorium 53, 83, 86, 90, 117
Todesursachen 30, 32
Tollwut 32, 43
    -entwicklung 24, 26
    -formen 32
    -Impfung 27 ff.,
Verkehr 11, 57, 170
    -sunfälle 23, 114
    -sopfer 23
    -sinsel 68
Wanderfalk 12, 15
Waschbär 11, 12, 32
Weißrandfledermaus 18
Westeuropa 9, 24, 30, 43, 155
Wildschwein 11, 13
Wolf 11, 172
Zähmung von Füchsen 142
Zoo 146
Zoonosen 43, 123 ff., 127 f.

Hauptthema: Natur

Fabio Bontadina / Therese Hotz / Kathi Märki

Die Kleine Hufeisennase im Aufwind

Ursachen der Bedrohung, Lebensraumansprüche und Förderung einer Fledermausart

2006. 79 Seiten, durchgehend 4-farbig illustriert,
Fadenheftung/Broschur
CHF 17.– / € 9.80
ISBN 3-258-07088-1

Die Kleine Hufeisennase war vor 50 Jahren in Mitteleuropa eine der häufigsten Fledermausarten. Nach einem dramatischen Rückgang stand sie kurz vor dem Aussterben.
Welches sind die Ursachen ihrer Gefährdung? Gibt es Wege, um diese Art zu erhalten? Das Forschungsteam eines internationalen Schutzprojektes verfolgte die Kleine Hufeisennase mittels Telemetrie in ihre Jagdgebiete und untersuchte ihre Nahrung und die Ansprüche an den Lebensraum.
Die überraschenden Resultate erlauben einen hoffnungsvollen Blick in die Zukunft. Mit konkreten Massnahmen können die Lebensbedingungen verbessert werden – damit liegt die Rettung dieser faszinierenden Fledermausart in unserer Hand.

: Haupt   **Haupt Verlag** Bern • Stuttgart • Wien
verlag@haupt.ch • www.haupt.ch

Hauptthema: Natur

Bertrand Baur / Hannes Baur / Christian Roesti / Daniel Roesti

Die Heuschrecken der Schweiz

2006. 352 Seiten, viele Abbildungen,
Fadenheftung/Pappband
CHF 49.– / € 33.–
ISBN 3-258-07053-9

«Die Heuschrecken der Schweiz» ist ein Exkursionsführer und Nachschlagewerk, in dem erstmals alle Heuschreckenarten der Schweiz umfassend dargestellt werden. Es deckt zudem 90% der Arten Deutschlands und 75% derjenigen Österreichs ab. Ein mit 350 Zeichnungen illustrierter Schlüssel erlaubt die exakte Bestimmung im Feld, mehr als 300 Farbfotos zeigen Männchen und Weibchen sämtlicher Arten und ihre Lebensräume. Die Verbreitungskarten basieren auf den neuesten Daten des Centre suisse de cartographie de la faune (CSCF). Der Text enthält wichtige Angaben zu Kennzeichen, Gesang, Biologie und Lebensräumen. Das Buch richtet sich sowohl an interessierte Laien als auch an Biologen und im Naturschutz tätige Personen. Die Autoren beschäftigen sich seit 20 Jahren mit den Heuschrecken der Schweiz und haben sie auf vielen Exkursionen beobachtet und fotografiert.

⋮ Haupt **Haupt Verlag** Bern · Stuttgart · Wien
verlag@haupt.ch · www.haupt.ch

Hauptthema: Natur

Paul Ingold (Hrsg.)

Freizeitaktivitäten im Lebensraum der Alpentiere

Konfliktbereiche zwischen Mensch und Tier –
Mit einem Ratgeber für die Praxis

2005. 516 Seiten, 170 farbige, 149 s/w Abbildungen, 23 Tabellen, gebunden
CHF 78.– / € 52.–
ISBN 3-258-06780-5

Wann und warum sind bestimmte Tierarten in den Alpen gefährdet, wenn Freizeitsportler in ihren Lebensraum eindringen? Unter welchen Bedingungen können Freizeitaktivitäten unbesorgt ausgeübt werden? Worauf sollten Wanderer, Snowboarder etc. im Umgang mit den Alpentieren achten? Inwieweit können sich Tiere an Freizeitbetrieb gewöhnen? Solchen und ähnlichen Fragen widmen sich die Autoren dieses Buches. Sie wollen Verständnis wecken für die Probleme, die sich aus der Nutzung der Gebirgslandschaft für touristische Zwecke und durch Freizeitaktivitäten ergeben und gleichzeitig angemessene Wege der Nutzung aufzeigen.

Rund 30 Autoren aus Wissenschaft und Praxis gehen auf Trends im Bereich der Freizeitaktivitäten ein und stellen aktuelle Auswirkungen auf die Tierwelt in den Alpen vor. Sie dokumentieren ausführlich den gegenwärtigen Kenntnisstand über Konflikte mit Alpentieren. Die Autoren legen dar, wie Probleme erkannt und zwischen den Interessengruppen einvernehmliche, auf Freiwilligkeit basierende Lösungen erzielt werden können. Mehrere ausgewählte Beispiele des schonenden Umgangs mit der Tierwelt werden eingehender präsentiert.

Als Grundlagenwerk und zugleich Ratgeber mit vielen praktischen Tipps richtet sich das Buch an Freizeitsportler, Naturfreunde und -schützer, touristische Anbieter, Verbände, Behörden, Ökobüros, Bildungsinstitutionen und Lehrkräfte.

: Haupt **Haupt Verlag** Bern • Stuttgart • Wien
verlag@haupt.ch • www.haupt.ch